EL
PODER
DE LA
Esposa
QUE
Ora

STORMIE
OMARTIAN

EDITORIAL
UNILIT

Publicado por
Editorial Unilit
Miami, Fl. 33172
Derechos reservados

Primera edición 2001

©1997 Harvest House Publishers, Eugene Oregon 97402
Originalmente publicado en inglés con el título:
The Power of a Praying Wife por Stormie Omartian.

Traducido al español por: Silvia Bolet de Fernández

Citas bíblicas tomadas de la Santa Biblia, revisión 1960, ©Sociedades Bíblicas Unidas y la Santa Biblia, Nueva Versión Internacional, © 1999 por la Sociedad Bíblica Internacional.

Producto 495191
ISBN 0-7899-0935-9
Impreso en Colombia
Printed in Colombia

Querida Ceria:

Este libro es uno de mis preferidos. Lo compro y lo regalo desde hace 3 años! te lo he platicado mucho y me apena que hoy q' Salomon desayune con Juan Pablo, no tenga uno nuevo a la mano, pero no quiero dejar pasar mas tiempo! Lo leo y lo re-leo! Este libro ya lo había

Este libro está dedicado con amor
a mi esposo Michael,
quien de forma constante
me ha dado más de lo que
jamás yo hubiera pedido.
Tú y yo sabemos que
la oración funciona.

empezado a leer de nuevo, y lo subrayé (Que pena!) pero siempre por una cosa u otra no te lo mando. Deseo de todo corazón que te guste tanto como a mi. Estamos en una "burbuja" con esto de la obra y el cambio de casa. Perdoname por no haber estado en contacto contigo! Espero verte pronto!

tu amiga
Lucía

marzo 2010

Contenido

Reconocimientos

Con especial gratitud:

- A mi secretaria, Susan Martínez, por llevar la carga de otra fecha límite de un libro. Tu amor como de hermana, fidelidad como amiga, y riqueza como compañera de oración sólo pueden igualarse con tu eficiencia y dedicación como mi muy apreciada e irreemplazable asistente.

- A mis compañeras de oración y esposas que oran, Sally Anderson, Susan Martínez, Donna Summer, Katie Stewart, Roz Thompson y Jan Williamson, quienes han experimentado a mi lado lo que realmente significa clamar a Dios desde las mismas entrañas en interceder por nuestros esposos. Sin su profundo y fiel compromiso a Dios y a la oración, nunca hubiera podido escribir este libro. Ustedes son tesoros eternos en mi corazón.

- A mi hija Mandy y mi hijo Chris, por amar a su papá y a mí, incluso durante los tiempos en que nosotros no les mostramos la mejor forma de llevar un matrimonio. Me arrepiento de cualquier ocasión en que discutimos delante de ustedes, antes de aprender que la oración es más poderosa que la contienda. Oro para que ustedes puedan llevar todo el bien que hemos aprendido a sus propios matrimonios.

- A mi nuevo hijo, John David Kendrick, por dejarme ser tu mamá en la tierra ahora que tu papá está en el cielo con tu mamá. Tú eres lo que siempre nos hizo falta y no nos dimos cuenta hasta que llegaste a formar parte de nuestra familia.

- Al pastor Jack y Anna Hayford, y al pastor Dale y Joan Evrist por enseñarme cómo orar y mostrarme la forma en que un buen matrimonio funciona.

- A mi familia de Harvest House, Bob Hawkins, Bob Hawkins hijo, Bill Jensen, Julie McKinney, Teresa Evenson, Betty Fletcher, y LaRae Weikert por su entusiasmo por el libro y sus constantes sugerencias positivas. Todos ustedes son un deleite. Y a la directora de la Editorial, Carolyn McCready por tener tal gozo. Gracias por tu ánimo.

- A mi editor, Holly Halverson, por su habilidad y perspicacia.

- A Tom y Patti Brussat, Michael y Terry Harriton, Jan y Dave Williamson, y Dave y Priscilla Navarro por compartir sus vidas y experiencias dándome buenos ejemplos del poder de una esposa que ora.

Prólogo

Es un chiste en nuestra casa cada vez que me refiero al número de años que Stormie y yo hemos estado casados. Yo siempre digo: "Han sido veinticinco años maravillosos para mí y veinticinco años infelices para ella". Después de veinticinco años de matrimonio con Stormie, no queda ninguna fase de mi compleja personalidad que ella pueda descubrir. Me ha visto triunfante, fracasado, luchando, temeroso y deprimido, y dudando de mi competencia como esposo, padre y músico, y también me ha visto enojado con Dios porque Él no brinca cuando yo se lo pido. Ella ha sido testigo de milagros, mientras Dios redimía algo de las cenizas en oro. Cada paso del camino ha sido acompañado por sus oraciones y este libro ha sido escrito de sus experiencias a través de los años. Yo no puedo imaginar lo que sería mi vida sin sus oraciones por mí. Me da consuelo y seguridad y también, cumple la misión que el Señor tiene para nosotros de que oremos los unos por los otros y llevemos las cargas los unos de los otros. No se me ocurre una forma mejor en que se pueda amar sinceramente al esposo, que levantándolo en oración con sistemática regularidad. Es un regalo que no tiene precio y que le ayuda a él a experimentar las bendiciones y gracia de Dios.

Stormie, te amo.

Tu esposo cubierto en oración,
Michael

Mujer ejemplar, ¿dónde se hallará?
¡Es más valiosa que las piedras preciosas!
Su esposo confía plenamente en ella y no
necesita de ganancias mal habidas.
Ella le es fuente de bien, no de mal,
todos los días de su vida.

Proverbios 31:10,12

El poder

*P*rimero que todo, permíteme aclarar que el poder de una esposa que ora no es una forma de obtener control sobre su esposo, ¡así que no te hagas muchas ilusiones! En realidad, es todo lo contrario. Es abandonar todo reclamo de poder en ti y para ti, y descansar en el poder de Dios para transformarte a ti, a tu esposo, tus circunstancias y tu matrimonio. Este poder no se nos da para ser usado como un arma para devolver los golpes a una bestia indomable. Es un medio apacible de restauración apropiada a través de las oraciones de una esposa que desea más hacer lo correcto que tener la razón, y dar vida más que vengarse. Es una forma de invitar al poder de Dios a la vida de tu esposo, para su mayor bendición, que al final es la tuya también.

Cuando mi esposo Michael y yo nos casamos y surgieron diferencias entre nosotros, la oración definitivamente no era mi primera opción. En realidad, estaba más cerca de ser el último recurso. Yo traté otros métodos primero, tales como discutir, rogar, no hacer caso, evadir, enfrentar, discutir, y por supuesto, el tan conocido tratamiento de silencio, todo con mucho menos que resultados satisfactorios. Me tomó algún tiempo darme cuenta que al orar *primero*, estos métodos de operación no placenteros, podrían evitarse.

13

Para cuando leas este libro, Michael y yo tendremos más de un cuarto de siglo de casados. Esto no es menos que milagroso. Por cierto, no es un testimonio a nuestra grandeza, sino a la fidelidad de Dios para contestar oraciones. Confieso que después de todos estos años, todavía estoy aprendiendo y no es algo que sucede con facilidad. A pesar de que no tengo mucha práctica de estar haciéndolo tan bien como cuando lo hacía mal, puedo decirles sin reserva, que *las oraciones trabajan.*

En *realidad,* yo no aprendí cómo orar por mi esposo hasta que comencé a orar por mis hijos. A medida que obtuve respuestas profundas a la oración por ellos, decidí tratar de ser más específica y ferviente en la oración por él. Pero me di cuenta de que orar por los hijos es mucho más fácil. Desde el primer momento en que ponemos nuestros ojos en ellos, deseamos lo mejor para sus vidas, sin condiciones, de todo corazón, sin dudas. Pero con un esposo, a menudo no es tan simple, en especial para alguien que ha estado casada por algún tiempo. Un esposo puede herir tus sentimientos, ser desconsiderado, despreocupado, abusivo, irritante, o negligente. Él puede decir o hacer cosas que traspasan tu corazón como una astilla. Y cada vez que comienzas a orar por él, encuentras la astilla enconada. Es obvio que no puedes orar de la forma en que Dios desea que lo hagas hasta que te deshaces de ella.

Orar por tu esposo no es igual que orar por tus hijos (aunque parezca similar), porque tú no eres la mamá de tu esposo. Nosotros tenemos autoridad sobre nuestros hijos que nos son dados por el Señor pero *no* tenemos autoridad sobre nuestros esposos. Sin embargo, se nos ha dado autoridad "sobre todos los poderes del enemigo" (Lucas 10:19), y se puede hacer mucho daño a los planes del enemigo cuando oramos. Muchas cosas difíciles que suceden en una relación matrimonial son en realidad parte del plan del enemigo, preparado para minar la relación. Pero nosotras podemos decir: "No voy a permitir que nada destruya mi matrimonio".

"No voy a quedarme de pie y mirar a mi esposo que está preocupado, golpeado o destruido".

"No me voy a quedar sin hacer nada, mientras una pared invisible se levanta entre nosotros".

"No permitiré que la confusión, la mala comunicación, las actitudes equivocadas, y las decisiones malas erosionen lo que estamos tratando de edificar juntos".

"No voy a tolerar que el dolor y la falta de perdón nos guíen al divorcio". Nosotras podemos tomar una postura en contra de cualquier influencia negativa en nuestras relaciones matrimoniales y saber que Dios nos ha dado autoridad en su nombre para respaldarnos.

Tú tienes los medios para establecer un cerco de protección alrededor de tu matrimonio porque Jesús dijo: "Les aseguro que todo lo que ustedes aten en la tierra quedará atado en el cielo, y todo lo que desaten en la tierra quedará desatado en el cielo" (Mateo 18:18). Tú has autorizado en el nombre de Jesús *detener el mal* y *permitir el bien.* Tú puedes llevar ante Dios en oración cualquier cosa que controle a tu esposo: alcoholismo, exceso de trabajo, vagancia, depresión, enfermedad, conducta abusiva, ansiedad, temor o fracaso, y orar por él para que sea libre de eso.

¡Un momento! Antes que descartes el matrimonio...

Les confieso que hubo un tiempo en que consideré la separación o el divorcio. Esta es una confesión vergonzosa porque creo que ninguna de esas opciones es la mejor respuesta para un matrimonio que tiene problemas. Yo creo en la posición de Dios en cuanto al divorcio. Él dice que no está bien y que le entristece. Lo último que deseo hacer es entristecer a Dios. Pero sé lo que significa sentir ese desespero que nos impide que hagamos las decisiones correctas y que causa que una persona deje de tratar de hacer lo correcto. Comprendo la tortura de la soledad que te deja con el deseo de que cualquier persona mire a tu alma y *te* vea; he sentido un dolor tan terrible que el temor de morir por causa del mismo, me empujó a buscar el único medio previsible para sobrevivir:

escapar de la fuente de agonía. Yo sé cómo se siente considerar actos de desesperación porque no ves ningún futuro. He experimentado tal acumulación de emociones negativas, día tras día, que la separación y el divorcio parecían la única promesa de un alivio placentero.

El mayor problema que encaré en nuestro matrimonio fue el temperamento de mi esposo. Los únicos que fuimos objeto de su enojo fuimos mis hijos y yo. Él usaba palabras que eran como armas que me dejaban lisiada y paralizada. No estoy diciendo que yo no tenía culpa, al contrario, estaba segura de que tenía tanta culpa como él, pero no sabía qué hacer. Le rogaba a Dios con frecuencia para que hiciera a mi esposo más sensible, menos colérico, más agradable, menos irritable, pero vi pocos cambios, ¿Dios no me estaba escuchando? o ¿favorecía al esposo en lugar de la esposa, como yo sospechaba?

Después de algunos años, con poco cambio, un día clamé desesperada al Señor, y le dije: "Dios, no puedo vivir más así. Yo sé lo que tú has dicho sobre el divorcio, pero no puedo vivir en la misma casa con él. Ayúdame, Señor". Me senté en la cama sosteniendo mi Biblia durante horas, mientras luchaba con el deseo de tomar a mis hijos y marcharme. Yo creo que debido a que recurrí a Dios con toda honestidad y le hablé sobre cómo me sentía, Él me permitió poder ver de forma exacta y clara cómo sería mi vida si me marchaba: Dónde viviría, cómo me mantendría y cuidaría de los niños, quiénes serían mis amistades, y lo peor de todo, cómo la herencia del divorcio afectaría a mi hijo y a mi hija. Fue una imagen tan horrible y triste que no hay palabras para expresarlo. Yo sentía que iba a encontrar algún alivio, pero al precio de todo lo que era importante y querido para mí. Supe que no era el plan de Dios para nosotros.

Mientras me encontraba sentada allí, Dios también puso en mi corazón que si yo rendía voluntariamente mi vida ante su trono, sacaba de mi corazón el deseo de irme, y le entregaba mis necesidades; Él me enseñaría cómo entregar mi vida en oración por Michael, cómo interceder de verdad por él como hijo de Dios, y en el proceso Él revitalizaría mi matrimonio y derramaría sus bendiciones sobre ambos. Estaríamos mejor juntos, si podíamos pasar esto, que lo que hubiéramos podido estar en cualquier momento separados y solos. Él me mostró que Michael estaba atrapado en una red de su pasado que le dejaba incapacitado para ser diferente de lo que era en ese momento, pero Dios me usaría como un instrumento de su liberación si yo se lo permitía. Dolía decir que sí a esto y lloré mucho. Pero cuando lo hice, me sentí con esperanza por primera vez en años.

Comencé a orar cada día por Michael, como nunca había orado antes. Vi cuán profundamente herida estaba y lo rencorosa que era con él. *Yo no deseo orar por él ni pedirle a Dios que le bendiga. Sólo deseo que Dios golpee su corazón con un rayo y le dé convicción de lo cruel que él ha sido,* pensé. Tuve que decir una y otra vez: "Dios, confieso mi falta de perdón hacia mi esposo. Líbrame de todo esto".

Poco a poco, comencé a ver que ocurrían cambios en ambos. Cuando Michael se enojaba, en lugar de reaccionar de forma negativa, oraba por él. Le pedía a Dios que me revelara qué estaba causando su enojo. Él lo hizo. Le pregunté qué podía hacer para mejorar las cosas. Él me mostró. El enojo de mi esposo se tornó menos frecuente y se calmaba más rápido. La oración de cada día, edificó algo positivo. Todavía no hemos llegado a la perfección, pero hemos caminado un gran tramo. No ha sido fácil, sin embargo, estoy convencida de que vale el esfuerzo de caminar a la manera de Dios. Es la única forma de salvar un matrimonio.

Las oraciones de la esposa por su esposo tienen un efecto mucho mayor sobre él que las de cualquier otra persona, aun su madre. (Lo siento, mamá.) Las oraciones de una madre por su hijo, en realidad, son fervorosas, pero cuando un hombre se casa, deja a su padre y a su madre y se vuelve uno con su mujer (Mateo 19:5). Ellos son un equipo, una unidad, unidos en espíritu. La fortaleza de un hombre y su esposa, unidos en la presencia de Dios es *mucho mayor* que la suma de fuerzas de cada uno de ellos de forma individual. Esto es porque el Espíritu Santo les une y añade poder a sus oraciones.

Por eso es que hay tanto en juego si *no oramos*. ¿Puedes imaginarte orar por el lado derecho de su cuerpo y no por el izquierdo? Si el lado derecho no está sostenido y protegido y se cae, va a traer consigo el lado izquierdo. Lo mismo sucede entre tu esposo y tú. Si oras por ti y por él no, nunca encontrarás las bendiciones que deseas y el cumplimiento de ellas. Lo que le suceda a él, te sucede a ti y no puedes evitarlo.

Esta unidad nos da un poder que al enemigo no le gusta. Debido a esto él busca la manera de debilitarla. Él nos da cualquier cosa que nos haga caer, ya sea autoestima baja, orgullo, la necesidad de tener la razón, mala comunicación, o rendirnos a nuestros deseos egoístas. Él te dirá mentiras como "Nada va a cambiar nunca". "Tus fracasos son irreparables". "No hay esperanza para la reconciliación". "Tú vas a ser más feliz con otra persona". Él te va a decir lo que tú quieras creer, porque él sabe que si puede hacer que tú lo creas, no existe futuro para tu matrimonio. Si crees suficientes mentiras, con el tiempo tu corazón se endurecerá en contra de la verdad de Dios.

En cada matrimonio roto, hay por lo menos una persona cuyo corazón está endurecido contra Dios. Cuando el corazón se endurece, no hay visión de la perspectiva de Dios. Cuando somos desdichados en el matrimonio, sentimos que cualquier cosa será mejor que lo que estamos experimentando. Pero no vemos toda la imagen. Sólo vemos la forma en que está, no la forma en que Dios desea que esté. Sin embargo, cuando oramos, nuestros corazones se vuelven *suaves* para Dios y recibimos una visión. Vemos que hay esperanza. Tenemos la fe de que Él restaurará todo lo que ha sido devorado, destruido y comido del matrimonio. "Yo les compensaré a ustedes por los años en que todo lo devoró ese gran ejército de langostas" (Joel 2:25). Nosotros podemos confiar en que Él se llevará el dolor, la desesperanza, la dureza y la falta de perdón. Somos capaces de ver su habilidad para resucitar el amor y la vida de los lugares muertos.

Imagínese el gozo de María Magdalena cuando fue a la tumba de Jesús, la mañana siguiente, después que él había sido crucificado, y encontró que Él no estaba, después de todo, muerto; sino que había sido resucitado por el poder de Dios. El gozo de ver que algo muerto, sin esperanza, es traído a la vida, es el gozo mayor que podemos conocer. El poder que resucitó a Jesús es el mismo poder que resucitará lo que está muerto en tu matrimonio y pondrá vida de nuevo en ello. "Con su poder Dios resucitó al Señor, y nos resucitará también a nosotros" (1 Corintios 6:14). Es el único poder que puede hacerlo. Pero esto no sucede sin un corazón para Dios que esté dispuesto a luchar en oración, crecer durante los tiempos difíciles, y esperar por el amor a que sea resucitado. Tenemos que pasar por el dolor para llegar al gozo.

Tienes que decidir si deseas que tu matrimonio funcione, y si lo deseas suficiente como para hacer cualquier cosa que sea necesaria, dentro de los parámetros saludables, para que se haga realidad. *Tú* tienes que creer que tu parte de la relación que ha sido consumida por el dolor, la indiferencia y el egoísmo puede ser restaurada, y confiar que lo que te ha plagado, cosas como el abuso, muerte de un hijo, infidelidad, pobreza, pérdida, enfermedades catastróficas, o accidentes, pueden ser librados de sus garras de muerte. Debes determinar que todo lo que les está consumiendo a ti y a tu esposo, cosas como el exceso de trabajo, alcoholismo, uso de drogas, o depresión, pueden ser destruidos. *Tú* tienes que saber que cualquier cosa que haya afectado tus relaciones callada y furtivamente hasta lograr no ser percibida como una amenaza hasta que se hace evidente, puede ser removida; cosas tales como hacer ídolos de la profesión, de tus sueños, de tus hijos, o tus deseos egoístas. Tienes que confiar que Dios es lo suficientemente grande como para cumplir todo esto y más.

Si despiertas una mañana con un extraño en tu cama, y es tu esposo; si experimentas un alejamiento silencioso de las vidas de ambos que lesiona toda conexión emocional; si percibes un implacable desgaste del amor y la esperanza; si tu relación se encuentra en un abismo sin fondo de dolor y enojo tal que cada día te lanza a un nivel de desesperación más profundo; si cada palabra que se dice, produce una zanja más grande entre ustedes hasta que se convierte en una barrera impenetrable que les mantiene separados a millas de distancia, vive convencida de que ninguna de las cosas mencionadas anteriormente es la voluntad de Dios para tu vida. La voluntad de Dios es derrumbar todas estas barreras y sacarte de ese abismo. Él puede sanar las heridas y traer de nuevo amor a tu corazón. Nada ni nadie más puede hacerlo.

Pero tú tienes que levantarte y decir: "Señor, oro por que finalice este conflicto y que se rompa lo que mantiene la contienda en nosotros. Quítanos el dolor y la armadura que nos hemos puesto para protegernos. Sácanos del abismo del resentimiento. Habla a través de nosotros para que nuestras palabras reflejen tu amor, paz y reconciliación. Derrumba esta pared entre nosotros y enséñanos cómo caminar por encima de ella. Capacítanos para levantarnos de esta parálisis y movernos en la sanidad y salud que tú tienes para nosotros".

No des por perdido tu matrimonio. Pídele a Dios que te dé un esposo nuevo. Él es poderoso para tomar ese que tienes y hacerlo una nueva criatura en Cristo. Los cónyuges no están destinados a discutir, a estar separados emocionalmente, a vivir en muerte matrimonial, ser infelices, o divorciados. Nosotros tenemos el poder de Dios de nuestro lado. No tenemos que dejar nuestros matrimonios a la suerte. Podemos luchar por ellos en oración y no rendirnos, porque mientras estemos orando, hay esperanza. Con Dios, nada está tan muerto como aparenta. Ni siquiera tus propios sentimientos.

¿Qué acerca de mí?
Yo también necesito oración

Es natural entrar en esta aventura de oración preguntándote si tu esposo en algún momento estará orando por ti de la misma forma en que tú lo haces por él. Esto con seguridad sería tremendo, pero no cuentes con ello. El orar por tu esposo será un acto de amor y sacrificio, sin egoísmo e incondicional de tu parte. Tienes que estar dispuesta a hacer este compromiso sabiendo que es posible, e incluso muy probable, que él nunca ore por ti de la misma manera. En algunos casos, puede que él no ore por ti. Tú puedes pedírselo y orar por él para que ore por ti, pero no puedes demandárselo. A pesar de lo que suceda, ya sea que él lo haga o no, ese no es tu problema, es de Dios. Así que líbralo de esa obligación. Si él no ora por ti, de todas formas, *él* pierde más que tú. Tu felicidad y que te sientas realizada no dependerá de si él ora, sino de tu propia relación con el Señor. Sí, las esposas necesitan oración también; pero estoy convencida de que no debemos depender de nuestros esposos para que sean los únicos proveedores de ellas. De hecho, tratar de que tu esposo sea el dedicado compañero de oración pudiera ser una trampa para el fracaso y el desaliento de ambos.

Aprendí que lo mejor para nuestro matrimonio era que yo tuviera mujeres compañeras de oración con las que oraba cada semana. Ahora, creo que esto es vital para cualquier matrimonio. Si puedes encontrar a dos o más mujeres, fuertes, llenas de fe, en las que puedas confiar plenamente, y con quienes puedas compartir los deseos de tu corazón, prepara un tiempo de oración semanal con ellas. Va a cambiar tu vida. Esto no significa que tienes que decirles todo en cuanto a tu esposo o exponer los detalles privados de su vida. El propósito es pedirle a Dios que prepare bien *tu* corazón, que *te* muestre cómo ser una buena esposa, compartir las cargas de *tu* alma, y buscar la bendición de Dios para tu esposo.

Por supuesto, si existe un asunto con consecuencias serias, y puedes confiar en tus compañeras de oración para hablarles de tu petición, por supuesto, debes hacerlo. He visto a muchos matrimonios terminar separados o divorciados porque los cónyuges fueron muy orgullosos o temerosos de compartir sus problemas con alguien que pudiera orar por ellos. Continuaron mostrando que todo estaba bien y de improviso un día el matrimonio había terminado. Asegúrate de enfatizar lo confidencial que es lo que estás compartiendo con tus compañeras de oración, pero no tires a un lado el matrimonio porque tienes temor de orar por él con otras personas. Si tienes una compañera de oración que no puede guardar un secreto, busca a alguien con más sabiduría, sensibilidad y madurez espiritual.

Aun sin compañeras de oración o un esposo que ore, cuando tú oras fervientemente verás que las cosas suceden. Antes que tus oraciones sean contestadas habrá bendiciones de parte de Dios que vendrán a ti solo porque estás orando. Esto es porque has pasado tiempo en la presencia de Dios, donde comienzan todas las transformaciones que perduran.

Una oración a la vez

No te abrumes por las muchas maneras que hay para orar por tu esposo. No es necesario hacerlo todo en un día, una semana, o incluso un mes. Deja que las sugerencias que aparecen en este libro te sirvan de guía y luego ora para que el Espíritu Santo te dirija. Donde hay temas difíciles y necesitas dar un paso hacia delante, el ayuno hará de tus oraciones algo más efectivo. También, usar las Escrituras para orar por tu esposo es algo poderoso. Eso es lo que he hecho en las oraciones al final de cada capítulo, siempre que veas una referencia de la Escritura.

Sobre todo, no des lugar a la impaciencia; ver las respuestas a tus oraciones puede tomar tiempo, en especial si tu matrimonio tiene heridas profundas o sufre tensión. Sé paciente para perseverar y espera en Dios para recibir sanidad. Mantén presente que ustedes dos son personas imperfectas. Solo el Señor es perfecto. Pon tu mirada en Dios como la fuente de todo lo que deseas que suceda en tu matrimonio, y no te preocupes de *cómo* sucederá. Orar es tu responsabilidad. Responder es el trabajo de Dios. Déjalo en *sus* manos.

Capítulo uno

Su esposa

Lo difícil de ser una esposa que ora, exceptuando el tiempo sacrificado, es mantener un corazón puro. Tiene que estar limpio delante de Dios para que puedas ver buenos resultados. Por este motivo es que orar por el esposo tiene que comenzar con la oración por su esposa. Si tú tienes resentimiento, enojo, falta de perdón, o una actitud impura, aunque haya un buen motivo para ello, tendrás dificultad para ver respuesta a tus oraciones. Pero si puedes entregarle esos sentimientos a Dios con toda honestidad y luego moverte en oración, no hay nada que pueda cambiar más dramáticamente el matrimonio. En ocasiones las esposas sabotean sus propias oraciones porque no oran con un corazón correcto. Esto me tomó un tiempo comprenderlo.

Mi oración favorita de dos palabras

Me gustaría poder decir que he estado orando con regularidad por mi esposo desde el principio de mi matrimonio hasta ahora. No lo he hecho. Al menos no como lo sugiero en este libro. He orado, las oraciones han sido cortas: "Protégelo, Señor". Eran directas: "Salva nuestro matrimonio". Pero, con más frecuencia, mi oración favorita de dos palabras era: "Cámbialo, Señor".

Al principio de nuestro matrimonio, yo era una nueva creyente que salía de una vida de gran atadura y error y tenía mucho que aprender sobre el poder de Dios para librar y restaurar. Pensé que me había casado con un hombre que estaba cerca de la perfección, y lo que no era perfecto era simpático. A medida que pasó el tiempo, lo simpático se convirtió en irritante y lo perfecto se convirtió en una perfección que atolondraba. Decidí que lo que más me irritaba de él tenía que cambiar, y entonces todo estaría bien.

Me tomó unos cuantos años comprender que mi esposo nunca iba a ajustarse a mi imagen; y unos años más para comprender que no podía hacerlo cambiar de *ninguna* manera. De hecho, no fue hasta que comencé a dirigirme a Dios con lo que me molestaba, que comencé a notar alguna diferencia. Y entonces, no sucedió de la manera que yo pensaba que sucedería. Yo fui la persona en la que Dios trabajó primero, y comencé a cambiar. Mi corazón tuvo que ser ablandado, humillado, apaleado, moldeado, y reconstruido antes de Él ni siquiera comenzar a trabajar en mi esposo. Yo tuve que aprender a ver las cosas de acuerdo a la manera en que Dios las veía, no como yo pensaba que debían ser.

Con el tiempo comprendí que es imposible entregarnos a la oración por el esposo sin primero examinar nuestro propio corazón. No podía ir a Dios y esperar respuestas a la oración si no perdonaba y guardaba amargura o resentimiento. No podía orar *mi* oración favorita de dos palabras sin asegurarme que en lo más recóndito de mi alma, había orado primero la oración de dos palabras favorita de Dios: "Cámbiame, Señor".

¿Quién, yo?... ¿Cambiar?

No digas que no te avisé. Cuando oras por tu esposo, especialmente con la esperanza de que él cambie, con seguridad puedes esperar algunos cambios. Pero los primeros cambios no serán en *él* sino en *ti*. Si esto te enoja, como me pasó a mí, tú dirás: "¡Un momento! ¡Yo no soy la que necesita cambiar aquí!" Pero Dios ve cosas que nosotros no vemos. Él conoce dónde tenemos que mejorar. Él no tiene que buscar por mucho tiempo para descubrir actitudes y hábitos que están fuera de su perfecta voluntad para nosotros. Él requiere que nosotras no pequemos en nuestros corazones, porque el pecado nos separa de Él y no recibimos respuestas a nuestras oraciones. "Si en mi corazón hubiera yo abrigado maldad, el Señor no me habría escuchado" (Salmo 66:18). Dios desea que nuestros corazones estén bien para que las respuestas a nuestras oraciones no sean comprometidas.

Este requisito es difícil cuando sientes que tu esposo ha pecado contra ti con falta de amabilidad, falta de respeto, indiferencia, irresponsabilidad, infidelidad, abandono, crueldad, o abuso. Pero Dios considera los pecados de falta de perdón, enojo, odio, autocompasión, falta de amor, y venganza tan malos como cualquier otro. Confiésalos y pídele a Dios que te libre de cualquier cosa que no sea de Él. Uno de los mejores regalos que puedes dar a tu esposo es tenerte a ti por completo. La herramienta más efectiva para transformarlo puede que sea tu propia transformación.

No te preocupes, yo luché con todo esto también. De hecho, cada vez que mi esposo y yo llegábamos a un callejón sin salida, Dios y yo conversábamos más o menos de esta manera:

"¿Ves como es él, Señor?"

"¿Ves como *tú* eres?"

"Señor, ¿te refieres a que hay cosas que quieres cambiar en mí?"

"Muchas cosas. ¿Estás dispuesta a escucharlas?"

"Bueno, supongo".

"Dime cuando estés en realidad dispuesta".

"¿Por qué yo, Dios? Él es el que necesita cambiar".

"El punto no es quién *necesita* cambiar. El punto es quién está *dispuesto* a cambiar".

"Pero Dios, esto no es justo".

"Yo nunca dije que la vida es justa, dije que yo soy justo".

"Pero yo..."

"Alguien tiene que estar dispuesto a comenzar".

"Pero..."

"¿Cuán importante es conservar tu matrimonio?"

"Muy importante. Las otras opciones no son aceptables".

"He dicho. Comencemos cambiándote a ti".

"Ayúdame a tener una buena actitud en cuanto a esto, Señor".

"Eso depende de ti".

"¿Tengo que orar por mi esposo aunque él no lo esté haciendo por mí?"

"Precisamente".

"Pero eso no es... está bien, está bien, ya recuerdo. La vida no es justa. ¡*Tú* eres justo!"

(Silencio. Él está asintiendo con la cabeza desde el cielo.)

"Me rindo. Comienza. ¡Ay, esto va a ser doloroso! Ca...cambia... no puedo creer que estoy diciendo esto".

(Profundo suspiro) "Cámbiame, Señor".

¿Doloroso? ¡Sí! El morir a uno mismo siempre es doloroso. En especial cuando estás convencida de que la otra persona necesita cambiar más que tú. Pero este tipo de dolor te lleva a la *vida*. La otra opción es igual de dolorosa y su final es la muerte de un sueño, una relación, un matrimonio, y una familia.

Dios puede resucitar un matrimonio que está muerto, pero requiere que nosotras nos humillemos ante Él y que deseemos vivir a su manera: perdonando, siendo bondadosa y dando amor. Significa dejar ir el pasado y todo el dolor asociado con éste y estar dispuesta a perder la discusión para poder ganar la batalla. No estoy diciendo que tienes que volverte una persona carente de personalidad, sentimientos o pensamientos propios, o permitir que tu esposo te azote a su antojo. (De hecho, si te encuentras en cualquier tipo de peligro físico o emocional, aléjate de inmediato de esa situación y ve a un lugar seguro donde puedas recibir ayuda. Tú puedes orar desde allí mientras él recibe la ayuda que necesita.) La sumisión es algo que ofreces de corazón, no algo que se demanda de ti. Jesús dijo: "El que encuentre su vida, la perderá, y el que la pierda por mi causa, la encontrará" (Mateo 10:39). Pero entregar tu vida es algo que haces voluntariamente, *no* algo que se recibe de ti a la fuerza. Lo que estoy diciendo es que tu actitud tiene que ser: "Lo que tú desees, Señor. Muéstramelo y yo lo haré". Significa estar dispuesta a morir al yo y decir: "Cámbiame, Señor".

El lenguaje primordial del amor

Algo increíble sucede a nuestros corazones cuando oramos por otra persona. La dureza se disipa. Podemos ir más allá del dolor, y perdonar. Incluso terminamos amando a la persona por la que estamos orando. ¡Es milagroso! Sucede porque cuando oramos entramos a la presencia de Dios y Él nos llena con su Espíritu de amor. Cuando oras por tu esposo, el amor de Dios hacia él crecerá en tu corazón. No solo eso, encontrarás amor creciendo en *su* corazón para *ti*, sin él ni siquiera saber que estás orando. Esto se debe a que la oración es el lenguaje primordial del amor. Comunica en maneras que nosotros no podemos. Yo he visto mujeres sin sentimientos de amor por sus esposos, y con el tiempo, a medida que oran esos sentimientos surgen. En ocasiones, ellos se sienten diferentes después de la primera oración sincera.

El hablar a Dios sobre tu esposo es un acto de amor. La oración da lugar al amor, el amor genera más oración, que a cambio produce más amor. Aunque tus oraciones no nazcan de motivos desinteresados por completo, se volverán más desinteresadas a medida que continúas orando. Te darás cuenta de que eres más amorosa en tus respuestas, y que los temas que antes causaban rencor entre ustedes no van a causarlo más. Podrán llegar a un acuerdo mutuo sin discutir. Esta unidad es vital.

Cuando no estamos unidos, todo se desbarata. Jesús dijo: "Todo reino dividido contra sí mismo quedará asolado, y toda ciudad o familia dividida contra sí misma no se mantendrá en pie" (Mateo 12:25). La oración trae unidad incluso cuando no están orando juntos. He visto desaparecer gran tensión entre mi esposo y yo, solo orando por él. También, preguntándole "¿Cómo puedo orar por ti?" trae un aspecto de amor y cuidado en la situación. Mi esposo por lo general se detiene y me responde con detalle cuando de otra manera nunca me contaría nada. Yo sé incluso de esposos no creyentes que responden positivamente a esa pregunta de sus esposas.

El punto en todo esto es que como esposo y esposa no deseamos tomar calles separadas. Anhelamos estar en el mismo camino y ser compatibles, compañeros para toda la vida, y tener un amor que dure hasta el final de nuestras vidas. La oración, como el primordial lenguaje del amor, puede hacer que eso suceda.

Ni siquiera me gusta... ¿cómo puedo orar por él?

¿Has estado alguna vez tan enojada con tu esposo que lo último que deseabas hacer era orar por él? Yo también. Es difícil orar por alguien cuando estás enojada o esa persona te ha herido. Pero eso es exactamente lo que Dios desea que hagamos. Si Él nos pide que oremos por nuestros *enemigos*, ¿cuánto más debemos nosotros orar por la persona con quien nos hemos convertido en una y a la que se supone que amemos? ¿Pero cómo podemos pasar la falta de perdón y la actitud de crítica?

Para poder derrumbar las paredes en nuestros corazones y destruir las barreras que detienen la comunicación, tenemos que ser completamente honestas con el Señor acerca de nuestros sentimientos. No tenemos que "arreglarlos". Él conoce la verdad y desea ver si estamos dispuestas a admitirlo y confesarlo como desobediencia a sus caminos. Si es así, Él tiene entonces un corazón con el cual puede trabajar.

Si estás enojada con tu esposo, díselo a Dios. No dejes que se convierta en un cáncer que crece con cada día que pasa. No digas: "Yo voy a vivir mi vida y dejar que él viva la suya". Hay un precio que pagar cuando actuamos completamente independientes el uno del otro. "En el Señor, ni la mujer existe aparte del hombre ni el hombre aparte de la muje" (1 Corintios 11:11).

Debes decir: "Señor, no deseo orar por este hombre. Confieso mi enojo, herida, falta de perdón, decepción, resentimiento y dureza de corazón hacia él. Perdóname y crea en mí un corazón puro y un espíritu recto delante de ti. Dame una actitud nueva hacia él: positiva, gozosa, amorosa, que perdona. Donde él ha errado, revélaselo y dale convicción en su corazón. Guíalo por el camino del arrepentimiento y la liberación. Ayúdame a no mantenerme alejada de él emocional, mental o físicamente por causa de la falta de perdón, y ayuda a cualquiera de nosotros que necesite pedir perdón al otro por algún motivo. Si hay algo que no he visto y está empeorando este problema, revélamelo y ayúdame a comprenderlo. Quita cualquier tipo de confusión que los malentendidos o la mala comunicación hayan creado. Cualquier comportamiento en nosotros que sea necesario cambiarlo, te ruego que suceda ese cambio. A pesar de todo y que pienso que el enojo que siento hacia él es justificado, quiero hacer lo que *tú* desees. Te entrego todos estos sentimientos. Dame un nuevo sentimiento de amor para él y palabras para sanar esta situación".

Si te sientes capaz, haz esta pequeña prueba y observa qué sucede. Ora por tu esposo cada día durante un mes, usando cada una de las treinta áreas de oración que he incluido en este libro. Ora un capítulo diario. Pídele a Dios que derrame sus bendiciones sobre él y los colme a ambos con su amor. Observa si tu corazón no se ablanda hacia él, si su actitud hacia ti no cambia también y si tu relación no es más calmada. Si tienes dificultad haciendo este tipo de compromiso de oración, míralo desde la perspectiva del Señor. El ver a tu esposo a través de los ojos de Dios, no sólo como tu esposo, sino como hijo de Dios, un hijo a quien el Señor ama, puede ser una gran revelación. Si alguien te llama y te pide que ores por su hijo, tú lo harías, ¿cierto? Bueno, Dios lo está pidiendo.

"Cállate y ora"

Hay tiempo para todo, nos dice la Biblia. Y esto nunca es más cierto que en el matrimonio, en especial en cuanto a nuestro vocabulario se refiere. Hay tiempo para hablar y tiempo para *no* hablar, y dichoso es el hombre cuya esposa puede discernir entre los dos. Cualquiera que ha estado casado por cierto tiempo, se da cuenta de que hay cosas que es mejor no decirlas. La esposa tiene la habilidad de herir a su esposo de forma más profunda que cualquier otra persona pueda hacerlo; y él puede hacer lo mismo a ella. No importa cuánto te disculpes después, las palabras no se pueden borrar, solo se pueden perdonar, y no siempre es fácil hacerlo. En ocasiones, cualquier cosa que podamos decir solo entorpecerá lo que Dios desea hacer, así que es mejor callarse y orar.

Al principio cuando Michael y yo nos casamos, yo no decía mucho si sentía que había algo mal. Mantenía mis sentimientos ocultos. Después que nació nuestro primer hijo, comencé a expresarme más verbalmente. Pero mientras más formulaba mis objeciones y opiniones, más se resistía él y más discutíamos. Cualquier cosa que yo dijera no solo no lograba nada de lo que yo deseaba, sino que tenía el efecto contrario. Me tomó varios años aprender lo que millones de mujeres han aprendido a través de los siglos: ¡El regaño no funciona! El criticar no funciona. En ocasiones simplemente hablar no logra nada tampoco. He descubierto que la oración es lo único que *siempre* funciona. La seguridad que tienes en la oración es que tienes que pasar por Dios para hacerla. Esto significa que no puedes quedarte con una mala actitud, malos pensamientos, o motivos incorrectos. Cuando tú oras, Dios revela cualquier característica de tu personalidad que se resiste a Su orden de las cosas.

Mi esposo no va a hacer algo que él no desea hacer, y si termina haciéndolo, los miembros de su familia inmediata pagarán por ello. Si deseo que él haga algo, he aprendido a orar por eso hasta que tenga la paz de Dios en mi corazón *antes* de preguntarle. En ocasiones, Dios cambia mi corazón, o me muestra una forma diferente, para que así yo no tenga que decir nada. Si necesito decir algo, trato de no hacerlo de forma abrupta. Primero oro por la dirección de Dios.

Sin embargo, me tomó mucho tiempo darme cuenta. Sucedió un día cuando me leí en Proverbios, "Más vale habitar en el desierto que con mujer pendenciera y de mal genio" (Proverbios 21:19). Por *alguna razón* me impresionó.

"Pero, Señor", le pregunté, "¿qué tal, 'más vale ser reprendido con franqueza que ser amado en secreto' (Proverbios 27:5) "¿Nosotras no tenemos que decirles a nuestros esposos cuándo algo está mal?"

Él me respondió: "Todo tiene un momento oportuno; hay un tiempo para todo lo que se hace bajo el cielo:... un tiempo para callar, y un tiempo para hablar" (Eclesiastés 3:1,7). "El problema es que tú no conoces cómo hacerlo en amor".

"Está bien, Señor", le dije, "Muéstrame cuándo hablar y cuándo callarme y orar".

La primera oportunidad para esto sucedió enseguida. Yo había comenzado un grupo de oración semanal para mujeres en mi casa, y cambiaba tanto las vidas que le sugerí a mi esposo que empezara un grupo similar para los hombres. Pero él no quería oír hablar de eso.

—Yo no tengo tiempo —fue su respuesta ya que no le gustaba la idea.

Mientras más hablaba del asunto, más se irritaba Michael. Después de recibir mis instrucciones de parte de Dios, de "cállate y ora", decidí tratar esa estrategia. Dejé de hablar del asunto y comencé a orar. También pedí a mi grupo de oración que se unieran conmigo en esta petición. Pasaron más de dos años después que dejé de mencionárselo y comencé a orar, un día Michael me anunció, repentinamente, que estaba organizando un grupo de oración semanal para hombres. Ha estado funcionando desde entonces, y él aún no sabe que yo oré. Aunque tomó más tiempo del deseado, sucedió. Y hubo paz durante la espera, cosa que yo no habría tenido si no hubiese permanecido callada.

En la Biblia, la reina Ester oró, ayunó y buscó el tiempo de Dios antes de acercarse a su esposo, el rey, para tratar un asunto muy importante. Había mucho en juego y ella lo sabía. Ester no salió corriendo y gritando: "¡El matón de tu amigo nos va a arruinar nuestras vidas!" Ella oró primero y luego le ministró amor a él, mientras Dios preparaba su corazón. El Señor siempre nos dará palabras para hablar, y nos mostrará cuándo decirlas, si le preguntamos. El momento lo es todo.

He conocido personas que usan la excusa "solo soy honesta" para devastar a otros con sus palabras. La Biblia dice: "El necio da rienda suelta a su ira, pero el sabio sabe dominarla" (Proverbios

29:11). En otras palabras, es imprudente compartir cada pensamiento y sentimiento. El ser honesto no significa que tienes que ser completamente franca en cada comentario. Eso le hace daño a las personas. Mientras que la honestidad es un requisito para un matrimonio de éxito, decirle a tu esposo todo lo que encuentras mal en él, no es solo un consejo enfermizo, sino que posiblemente esto no revela toda la verdad. La verdad total viene de la perspectiva de Dios, y Él, sin lugar a dudas, no tiene los mismos problemas con la forma de actuar de tu esposo que tienes tú. Nuestra meta no debe ser lograr que nuestros esposos hagan lo que nosotras queremos, sino más bien, debemos entregárselos a Dios para que Él haga en ellos lo que desea hacer.

Debes tener cuidado de reconocer entre lo que está bien y lo que está mal. Si no cae con claridad en una de esas dos categorías, guarda tus opiniones u ora por ellas, y luego según te dirija el Señor, revélalas para una discusión apacible. La Biblia dice: "No te apresures ni con la boca ni con la mente, a proferir ante Dios palabra alguna; él está en el cielo y tú estás en la tierra. Mide, pues, tus palabras" (Eclesiastés 5:2). Hay momentos cuando nosotras sólo debemos escuchar y no dar ninguna opinión, debemos apoyar y no ofrecer crítica constructiva.

No estoy sugiriendo ni por un momento que te conviertas en una simple alfombra donde uno se limpia los pies, que ni siquiera se enfrenta a su esposo con la verdad; en especial cuando esta es para su bienestar. Por supuesto que tienes que comunicar con claridad tus pensamientos y sentimientos. Pero una vez que él los ha escuchado, no continúes acosándolo hasta que se convierta en un tema de discusión y contienda.

Si tienes que decir palabras que son difíciles de escuchar, pídele a Dios que te ayude a discernir cuándo tu esposo estará en mejor disposición para escucharlas. Ora por las palabras correctas y para que su corazón esté receptivo por completo. Yo sé que es difícil hacerlo si tienes unas cuantas palabras que te mueres por decir. Pero aun con lo difícil que parezca, es mejor dejar que Dios las escuche primero para que Él las suavice con su Espíritu. Esto es muy cierto cuando el diálogo ha cesado y cada palabra solo trae más dolor. Yo hubiera deseado aprender más temprano a orar antes de hablar. Muy a menudo, mis palabras desataron una reacción defensiva en mi esposo y produjeron palabras hirientes de las que ambos nos arrepentimos. Él recibió mis sugerencias como que lo estaba presionando para que hiciera algo o fuera alguien, aunque en mi corazón siempre le deseé lo mejor, tuvo que venir a él de parte de Dios.

Cuando nosotros vivimos por el poder de Dios en lugar de nuestra carne, no tenemos que luchar por poder con nuestras palabras. "Porque el reino de Dios no es cuestión de palabras sino de poder" (1 Corintios 4:20). Las palabras que nosotros hablamos no son las que hacen la diferencia, es el poder de Dios que las acompaña. Te sorprendería cuánto poder tienen tus palabras cuando oras antes de decirlas y estarías aun más sorprendida con lo que puede suceder cuando te callas y dejas que Dios actúe.

Creyente o no

Si tu esposo no es creyente, tú ya sabes cuánto bien hace el seguir hablándole sobre el Señor, si él no respondió cuando lo hiciste las primeras veces. No quiere decir que no puedes decirle nada, pero si lo que tú dices él lo recibe con indiferencia o irritación, el próximo paso es mantenerte callada y orar. La Biblia dice que la esposa puede ganarse al esposo sin palabras, porque el comportamiento que él observa en ella dice más que sus palabras. "De modo que si algunos de ellos no creen en la palabra puedan ser ganados más por el comportamiento de ustedes que por sus palabras, al observar su conducta íntegra y respetuosa" (1 Pedro 3:1,2).

Dios dice que Él habla de cosas que no son como si fuesen. Tú también puedes hacerlo. Puedes decir: "No voy a fingir, sino voy a hablar todas las cosas que *no* son parte de la vida de mi esposo como si ellas *fuesen* parte de la misma. Aunque él no tiene fe, voy a orar por él como si la tuviese". Por supuesto que no puedes forzarlo a que haga algo que no quiere hacer, pero tú puedes tener acceso al poder de Dios, por medio de la oración, para que su voz penetre el alma de tu esposo. No importa cuánto tiempo tengas que orar por tu esposo para que venga al conocimiento del Señor, aunque le tome toda su vida, el tiempo no será desperdiciado. Mientras tanto, ya sea que tu esposo es creyente o no, tú aún puedes orar todas las oraciones que aparecen en este libro para él y esperar ver respuestas significantes.

Para crear un hogar

A mí no me importa lo liberada que seas, cuando te casas siempre habrá dos áreas que, en última instancia, serán tu responsabilidad: el hogar y los hijos. Incluso si eres la única que trabaja y tu esposo se queda en la casa para mantenerla en orden y atender a los hijos, aún se esperará de ti que el corazón del hogar sea un santuario de paz, una fuente de contentamiento, aceptación, rejuvenecimiento, educación, descanso y amor para tu familia. Además de esto, también se espera de ti que seas sexualmente atractiva, buena cocinera, una gran madre, y saludable física, emocional y espiritualmente. Es abrumador para la mayoría de las mujeres, pero las buenas noticias son que no tienes que hacerlo todo tú sola. Tú puedes buscar la ayuda de Dios.

Pídele al Señor que te muestre cómo hacer de tu hogar un refugio seguro que edifique a tu familia; un lugar donde fluya la creatividad y la comunicación sea continua, y que te ayude a mantener tu casa limpia, la ropa lavada, la cocina en orden, la alacena y la nevera llena, y las camas hechas. Estas son cosas básicas por las que el hombre puede que no felicite a su esposa por ellas todos los días (o nunca), pero él notará si *no* están hechas. Puede que mi esposo no busque en el armario una bombilla eléctrica o una batería durante meses. Pero cuando lo hace, él desea que esté allí. Ni tampoco desea llegar tarde del trabajo a la casa y encontrar que no hay pan para hacerse un emparedado. Hago lo mejor posible para asegurarme que está allí. Le pido a Dios que me ayude a mantener la casa en una forma que mi esposo encuentre agradable regresar al hogar y traer a sus amigos. No es necesario tener muebles costosos o traer un decorador para hacer todo esto. Mi primera casa era pequeña y tenía muebles de segunda mano que compré en una venta de artículos usados. Yo misma pinté todo el lugar (con la ayuda de una amiga), y lo hice lucir atractivo. Sólo es necesario pensar en el asunto y un poco de cuidado.

Parte de convertir una casa en un lugar acogedor es permitiéndole a tu esposo que sea la cabeza para que tú puedas ser el corazón. El tratar de ser ambos es demasiado. Dios puso al esposo como la cabeza de la familia, ya sea que lo merezca o no, y no importa que él se levante para tomar su posición o no. Es el orden de Dios de las cosas. Esto no significa que una posición es más importante que la otra. Ambas trabajan juntas. Si tu esposo es la cabeza de la casa, tú tienes que dejarle ese liderazgo. Si tú vas a ser el corazón del hogar, tienes que tomar los pasos necesarios para hacerlo, inclusive si eres la parte principal que contribuye financieramente al mantenimiento del hogar. El tratar de hacer lo contrario mantiene una lucha constante.

Esto no significa que la esposa no puede trabajar y el esposo no puede cuidar del hogar; es la actitud del corazón y la cabeza la que hace la diferencia. Hubo semanas enteras, durante el final de cada libro que he escrito, que mi esposo cuidó de la casa y los niños para que yo pudiera cumplir con la fecha fijada. Esto nunca minimizó su función de líder o causó que yo usurpara su posición. Fue algo que él hizo para mí. Hubo momentos en que él necesitó que yo trabajara para él descansar. Yo lo hice por él. Es un equilibrio delicado para la mayoría de las personas, así que es mejor orar para que la integridad de las dos posiciones en el hogar, la cabeza y el corazón, no sea comprometida.

Mantener el orden en la casa no significa que tiene que estar perfecta, pero no debiera estar fuera de control. Si tú estás trabajando tan fuerte como él para traer a casa un sueldo, las responsabilidades debieran ser compartidas en el hogar. Si él no desea compartirlas, gastar cierta cantidad de dinero para que otra persona te ayude unas cuantas horas a la semana, es mucho más económico que un divorcio, un quiropráctico, un terapeuta, un médico o un funeral. Pídele a Dios que te muestre sobre eso.

Todo lo que yo he dicho sobre el hogar también va dirigido a tu cuerpo, alma y espíritu. Se debe invertir algún esfuerzo en mantenerlos. En una ocasión escuché en un programa radial a una mujer que llamó para quejarse con un psicólogo popular, de que su esposo le había dicho que ya no la encontraba atractiva. Él le dijo: "¿Qué estás haciendo para lucir atractiva?" La persona que llamó no tuvo respuesta. El punto es, que ser atractiva no sucede solo. Incluso la mujer más maravillosa del mundo hace mucho para mantener su atractivo. La reina Ester fue una de las mujeres más bellas en su país, y ella pasó un año embelleciéndose antes de conocer al rey.

Nosotras tenemos que hacernos esa misma pregunta. "¿Qué estoy haciendo para lucir más atractiva para mi esposo?" ¿Me mantengo limpia y con un olor agradable? ¿Me aseguro de que mi ser interior esté limpio y rejuvenecido con ejercicios regulares? ¿Conservo mi fuerza y vitalidad con una dieta saludable? ¿Me visto de forma atractiva? Y más importante: ¿Paso tiempo a solas con Dios cada día? Yo te garantizo que mientras más tiempo pases con el Señor, más radiante lucirás. "Engañoso es el encanto y pasajera la belleza; la mujer que teme al Señor es digna de alabanza" (Proverbios 31:30).

No puedes darte el lujo de no hacer esta inversión en ti misma, en tu salud y en tu futuro. No es algo egoísta hacerlo. Es egoísta *no* hacerlo. Ora para que Dios te muestre qué pasos debes tomar y luego te capacite para tomarlos. Invita al Espíritu Santo a que more en ti *y* en tu hogar.

Deja ir las expectativas

Al poco tiempo de estar casados, mi esposo me llamó del trabajo y me dijo que deseaba que preparara cierto plato con pollo para la cena. Fui a la tienda, compré la comida, la preparé, y cuando llegó a casa, él entró por la puerta y me dijo con franqueza:

—No tengo deseos de comer pollo esta noche, quiero costillas de cordero.

No necesito decirte los pensamientos que pasaron por mi mente porque estoy segura de que ya tú los conoces. Este no fue un incidente aislado. Casos similares sucedieron con demasiada frecuencia. No puedo contar el número de veces que Michael me prometió estar en casa para cenar y llamó diez minutos *después* que la cena estaba lista, para decirme que él iba a trabajar hasta tarde y saldría a comer con sus compañeros. Al fin aprendí que no valía la pena molestarse, herirse o guardar resentimiento. Eso solo hacía las cosas peor. Lo ponía a la defensiva porque él pensaba que yo no entendía su situación. Comprendí que era más saludable para ambos si yo arreglaba lo que esperaba de él. Desde ese momento en adelante, preparaba la comida como si fuera solo para los niños y para mí. Si Michael podía unirse a nosotros, era una agradable sorpresa. Si no lo hacía, podía vivir con eso.

He aprendido que cuando suceden cosas que me decepcionan, es mejor que me acuerde de las buenas cualidades de mi esposo. Recuerdo como a veces él me ayuda con los quehaceres de la casa y la cocina. Él es fiel y no me da razón para dudarlo; es un creyente que va a la iglesia, lee la Biblia, ora, y tiene altos valores morales. Él nos ama a nuestros hijos y a mí; usa sus talentos para la gloria de Dios; es un proveedor bueno y generoso. Las cosas pudieran estar mucho peor, así que no me voy a quejar de si él está en casa para cenar o no.

Pienso que si pudiera ayudar a una nueva esposa en alguna área, sería desanimándola para que no entrara al matrimonio con una larga lista de expectativas, ya que luego ella se molestará cuando su esposo no las cumpla. Por supuesto hay ciertas cosas básicas en las que deben estar de acuerdo antes de la fecha de la boda, tales como fidelidad, apoyo financiero, honestidad, bondad, decencia básica, altos niveles de moral, amor físico y emocional, y protección. Cuando tú no recibes esas cosas, puedes pedirlas. Incluso cuando no las recibas puedes orar; pero en cuanto a específicos se refiere, tú no puedes exigir que una persona cumpla con todas tus expectativas. La presión para hacer eso y cumplir tus sueños al mismo tiempo puede ser abrumador para un hombre. En su lugar, lleva tus necesidades a Dios en oración y busca en *Él* las respuestas. Si nosotras tratamos de controlar a nuestros esposos y tenemos una larga lista por la que ellos tienen que guiarse en la vida, y luego nos enojamos y decepcionamos cuando ellos no pueden cumplirla, entonces, *nosotras* somos las que estamos equivocadas. Los mayores problemas en mi matrimonio ocurrieron cuando mis expectativas de lo que yo pensaba que Michael debiera ser o hacer, no coincidieron con la realidad de quién él era.

Deja ir tantas expectativas como te sea posible. Los cambios que tú deseas ver en tu esposo, o que él trata de hacer para agradarte, están destinados al fracaso y les traerán desencanto a ambos. En su lugar, pídele a Dios que haga los cambios que sean necesarios. Él hará un mejor trabajo porque "Sé además que todo lo que Dios ha hecho permanece para siempre; que no hay nada que añadirle ni quitarle; y que Dios lo hizo así para que se le tema" (Eclesiastés 3:14). Acepta a tu esposo de la forma que él es y ora por él para que crezca. Luego cuando suceden los cambios, será porque Dios ha obrado en él y serán duraderos. "Solo en Dios halla descanso mi alma; de él viene mi esperanza" (Salmo 62:5). Tus mayores expectativas deben venir de Dios, no de tu esposo.

Con todo el respeto

Es interesante que Dios requiere que el esposo *ame* a su esposa, pero a la esposa le requiere que *respete* a su esposo. "En todo caso, cada uno de ustedes ame también a su esposa como a sí mismo, y que la esposa respete a su esposo" (Efesios 5:33). Yo supongo que ninguna mujer se casaría con un hombre que ella no ama, pero muy a menudo una esposa pierde el respeto por su esposo después que han estado un tiempo casados. La pérdida del respeto parece preceder a la pérdida del amor y le hace más daño a un hombre de lo que nosotras creemos.

Las consecuencias de perder el respeto al esposo pueden ser muy serias. La esposa del rey David, Mical, vio a su esposo danzar de gozo delante del Señor enfrente del pueblo, sin sus vestiduras reales y en ropa interior, mientras que el arca del pacto era traída a la ciudad. Mical no solo no compartió su gozo, sino que sintió desprecio por él (2 Samuel 6:16). Ella se volvió criticona en lugar de tratar de comprender la situación de la perspectiva de Dios, y pagó un precio alto por su falta de respeto; el juicio de Dios causó que ella nunca pudiera tener hijos. Yo creo que nosotras no solo podemos traer derrota a nuestro matrimonio y esposos cuando no le tenemos respeto, sino que cierra la puerta para una nueva vida en nosotras también.

En otro ejemplo, la reina Vasti rehusó ir delante de la presencia del rey cuando él lo ordenó. El rey tenía una fiesta para sus amigos, él estaba con ánimo de fiesta, y quería exhibir a su bella esposa. Todo lo que él le pedía era que ella se pusiera su vestimenta real y su corona, y que hiciera acto de presencia ante las personas que él estaba atendiendo. Ella no aceptó, sabiendo muy bien que sería algo humillante para él. "Pero cuando los eunucos le comunicaron la orden del rey, la reina se negó a ir. Esto contrarió mucho al rey, y se enfureció" (Ester 1:12). El resultado fue que Vasti perdió su posición como reina. Ella no solo le hizo daño a su esposo, el rey, sino al pueblo también. A menos que la esposa desee perder su posición como reina del corazón de su esposo, y herir a su familia y amistades cercanas, ella no puede humillar a su esposo, no importa lo mucho que piense que él se lo merece. El precio es muy alto.

Si esto ya te ha sucedido, y sabes que tú le has mostrado falta de respeto a tu esposo, confiésalo a Dios ahora mismo. Dile: "Señor, confieso que no estimo a mi esposo de la manera que dice tu Palabra. Hay una pared en mi corazón que yo sé fue erigida como protección para no ser herida. Pero estoy lista a derrumbarla para que mi corazón pueda sanar. Confieso las veces que he mostrado falta de respeto hacia él; y que esta actitud y palabras indebidas son un pecado en contra tuya. Muéstrame cómo desarmar esta barrera que hay sobre mis emociones, que me impide tener el amor incondicional que tú deseas que tenga. Derriba las paredes de dureza alrededor de mi corazón y muéstrame cómo respetar a mi esposo de la forma que tú deseas que lo haga. Dame *tu* corazón para él, Señor, y ayúdame a verlo de la forma que tú lo ves".

El orar de esta forma te libera para que puedas ver el potencial de tu esposo para cosas grandes, lo opuesto a sus faltas. Te capacitará para decir algo positivo que te animará, edificará, te dará vida, y hará de tu matrimonio algo mejor. El amor disminuye si meditamos en lo negativo y crece si nos concentramos en lo positivo. Cuando tienes el corazón de Dios para con tu esposo, podrás ver a través de ojos nuevos. Hay momentos cuando no puedes comprender qué se trae tu esposo, qué está sintiendo, y por qué está haciendo las cosas que hace, a menos que tengas el discernimiento de Dios. Pídele a Dios que te lo dé.

Cuando estás orando por ti misma –su esposa–, recuerda este modelo de buena esposa de la Biblia. Dice que ella cuida de su casa y la dirige bien. Sabe cómo comprar y vender y toma decisiones sabias. Ella se mantiene saludable y fuerte y se viste atractiva; trabaja con diligencia y tiene habilidad para comerciar. Ayuda a los necesitados y se prepara para el futuro. Contribuye a la buena reputación de su esposo. Es fuerte, firme, honorable y no tiene temor de envejecer. Habla con sabiduría y bondad. No es ociosa y está atenta a la marcha de su hogar. Sus hijos y su esposo la alaban. Ella no descansa en encantos y belleza, conoce que el temor del Señor es lo más atractivo. Apoya a su esposo y aún tiene una vida propia fructífera que dice mucho de ella (Proverbios 31).

Esta es una mujer maravillosa, la clase de mujer que podemos ser solo a través de la capacitación de Dios y de nuestra propia entrega. En resumen es una mujer en quien su esposo puede confiar porque "ella le es fuente de bien, no de mal, todos los días de su vida". Yo creo que el "bien" mayor que una esposa puede hacer por su esposo es orar. ¿Vamos a hacerlo?

Oración

Señor, ayúdame a ser una buena esposa. Comprendo que no tengo lo que es necesario para ser así si no tengo tu ayuda. Toma mi egoísmo, impaciencia e irritabilidad y tórnala en bondad, templanza y deseo de sobrellevar todas las cosas. Toma mis viejos hábitos emocionales, forma de pensar, reacciones automáticas, suposiciones rudas, y postura de autoprotección y hazme paciente, bondadosa, buena, fiel, gentil y con dominio propio. Toma la dureza de mi corazón y rompe las paredes con tu ariete de revelación. Dame un nuevo corazón y obra en mi tu amor, paz, y gozo (Gálatas 5:22,23). Yo no puedo subir más alto de donde estoy en este momento. Solo tú puedes transformarme.

Muéstrame dónde hay pecado en mi corazón, en especial relacionado con mi esposo. Confieso que a veces he sido poco amable, criticona, he estado enojada, resentida, le he faltado al respeto, o no lo he perdonado. Ayúdame a poner a un lado cualquier herida, enojo o desencanto que pueda sentir y perdonarlo como tú lo haces, de forma total y completa, sin mirar hacia atrás. Hazme un instrumento de reconciliación, paz, y sanidad en mi matrimonio. Capacítanos para comunicarnos bien y rescátanos de la trinchera de la separación donde comienzan las realidades del divorcio.

Haz que yo sea para mi esposo la ayuda idónea, compañera, defensora, amiga y apoyo. Ayúdame a crear para él un lugar apacible de descanso para cuando regrese a casa. Enséñame a cuidar de mí y mantenerme atractiva para él. Hazme una mujer creativa y segura de mí misma, rica de mente, alma y espíritu; una mujer que él pueda presentar con orgullo como su esposa.

Dejo todas mis expectativas en tu cruz. Le quito la carga de que tiene que complacerme en áreas en las que debiera mirarte a ti. Ayúdame a aceptarlo como es y no tratar de cambiarlo. Comprendo que en algunas cosas él nunca cambiará, pero al mismo tiempo, lo dejo libre para que cambie en aquellas cosas que nunca pensé que pudiera hacerlo. Dejo cualquier cambio que sea necesario, que sea hecho por tus manos, y acepto que ninguno de nosotros es perfecto y nunca lo seremos. Solo tú, Señor, eres perfecto, y pongo mis ojos en ti para que nos perfecciones.

Enséñame a orar por mi esposo y haz de mis oraciones un verdadero lenguaje de amor. Donde el amor ha muerto, crea un nuevo amor entre nosotros. Muéstrame lo que el amor incondicional es en realidad y cómo comunicarlo de forma que él lo perciba con claridad. Trae unidad entre nosotros para que podamos estar de acuerdo en todas las cosas (Amós 3:3). Que el Dios de la paciencia y el consuelo nos conceda que tengamos el mismo pensamiento el uno hacia el otro, de acuerdo a Cristo Jesús (Romanos 15:5). Haz de nosotros un equipo, que no busquemos vidas separadas, competitivas o independientes, sino más bien trabajando juntos, sin estar atentos a la falta de cada uno y las debilidades para el bienestar del matrimonio. Ayúdanos a buscar las cosas que dan paz con las que podamos edificarnos el uno al otro (Romanos 14:19). Que podamos estar "en armonía y que no haya divisiones entre nosotros, sino que nos mantengamos unidos en un mismo pensamiento y en un mismo propósito" (1 Corintios 1:10).

Oro para que nuestro compromiso contigo y del uno para el otro crezca fuerte y con más pasión cada día. Capacítalo a él para que sea la cabeza del hogar como tú lo creaste, y muéstrame cómo apoyarlo y respetarlo a medida que él asciende al puesto de liderazgo.

Ayúdame a comprender sus sueños y ver las cosas desde su perspectiva. Revélame lo que él desea y necesita, y muéstrame los posibles problemas antes que estos surjan. Sopla tu vida en mi matrimonio.

Hazme una nueva persona, Señor. Dame una perspectiva fresca, un punto de vista positivo, y una relación renovada con el hombre que tú me has dado. Ayúdame a verlo con ojos nuevos, nueva apreciación, nuevo amor, nueva compasión, y nueva aceptación. Dale a mi esposo una nueva esposa, y déjame ser ella.

HERRAMIENTAS DE PODER

Por eso les digo, crean que ya han recibido todo lo que estén pidiendo en oración, y lo obtendrán. Y cuando estén orando, si tienen algo contra alguien, perdónenlo, para que también su Padre que está en el cielo les perdone a ustedes sus pecados.

Marcos 11:24-25

Pidan, y se les dará; busquen, y encontrarán; llamen, y se les abrirá. Porque todo el que pide, recibe; el que busca, encuentra; y al que llama, se le abre.

Mateo 7:7,8

Con sabiduría se constuye la casa; con inteligencia se echan los cimientos. Con buen juicio se llenan sus cuartos de bellos y extraordinarios tesoros. El que es sabio tiene gran poder, y el que es entendido aumenta su fuerza.

Proverbio 24:3,4

No nos cansemos de hacer el bien, porque a su debido tiempo cosecharemos si no nos damos por vencidos.

Gálatas 6:9

Capítulo Dos

Su trabajo

Bernardo pocas veces trabaja. Él está dispuesto a dejar que su esposa Rebeca, sostenga a la familia mientras que él está en la búsqueda de su sueño. El problema es que Rebeca no está contenta con llevar toda la carga del sostén familiar sobre sus hombros de forma indefinida, y Bernardo ha estado tratando de realizar su sueño durante diecisiete años sin resultados. Creo que la raíz de la inactividad de Bernardo es el temor. Él teme que si no consigue el trabajo de sus sueños, terminará en uno que odia y quedará atrapado en él para siempre.

Esteban se está matando con tanto trabajo; nunca puede descansar y disfrutar del éxito de su labor. Pocas veces pasa tiempo con su familia, y sus hijos adolescentes están llegando a la edad de adultos. Él no trabaja tan duro porque tenga necesidad, sino porque tiene temor. Él teme que si descansa, no valdrá nada a los ojos de los demás, incluyendo los suyos propios.

Estos son ejemplos extremos de cómo un hombre puede relacionarse con su trabajo. Por un lado es holgazanería, evitando salir del egoísmo, temor, falta de confianza, depresión o aprensión en cuanto al futuro. Del holgazán, Dios dice: "Sobre sus goznes gira la puerta; sobre la cama, el perezoso" (Proverbios 26:14). "Pues borrachos y glotones, por su indolencia, acaban harapientos y en la pobreza" (Proverbios 23:21). "El camino del perezoso está plagado de espinas, pero la senda del justo es como unacalzada" (Proverbios

15:19). "La codicia del perezoso lo lleva a la muerte, porque sus manos se niegan a trabajar" (Proverbios 21:25). En otras palabras, un hombre holgazán nunca llegará a ninguna parte, nunca tendrá nada, solo un camino difícil por delante, y al final lo destruirá.

El extremo opuesto es el adicto al trabajo; obsesión por el trabajo, excluye todo lo demás, perdiendo la vida de uno en el proceso. Del adicto al trabajo, Dios dice: "Así terminan los que van tras ganancias mal habidas; por éstas perderán la vida" (Proverbios 1:19). "Consideré luego todas mis obras y el trabajo que me había costado realizarlas, y vi que todo era absurdo, un correr tras el viento, y que ningún provecho se saca en esta vida" (Eclesiastés 2:11). En otras palabras, el ser adicto al trabajo es agotador y no tiene sentido.

Ninguno de los dos extremos promueven felicidad y satisfacción. Solo un equilibrio perfecto entre ambos, el cual Dios puede ayudar a un hombre a encontrar, podrá traer esa calidad de vida.

Lo que causa que un hombre vaya a cualquiera de los dos extremos, cosa rara, es la misma razón: temor. Esto es debido a que la identidad del hombre está a menudo muy unida con su trabajo. Él necesita sentirse apreciado y ganar, y su trabajo es a menudo un medio por el cual ve que ambas cosas suceden. Le atemoriza pensar que nunca experimente ninguna de las dos. Si él está haciendo un trabajo que es degradante para él, se siente que no tiene valor como persona. Si no tiene éxito en su trabajo, se siente fracasado.

Dios reconoce que el trabajo de un hombre es una fuente de satisfacción para él. Dice que no hay nada mejor para un hombre, que "es un don de Dios que el hombre... disfrute de todos sus afanes" (Eclesiastés 3:13). El hecho de que muchos hombres no se sienten satisfechos con sus trabajos tiene menos que ver con lo que es su trabajo, que si tienen o no un sentido de propósito. Un hombre que no tenga eso, con el tiempo puede llegar al lugar donde ha trabajado duro y por bastante tiempo, y sentir que la recompensa es tan poca que siente que no tiene futuro para él, al menos no uno por el que valga la pena vivir. Si también se suma el detalle de la edad, puede que piense en cosas como: "Tú no eres valioso para nadie". "Eres reemplazable". "Ya no puedes hacer lo que solías hacer". "Eres muy viejo para aprender cosas nuevas". "Tú no tienes lo que hace falta". "No tienes propósito". Este es un lugar peligroso para un hombre estar.

Gabriel, su padre, y su abuelo todos han tenido dificultad para ganarse la vida. De hecho, fue muy tarde en la vida de cada uno de ellos, cuando pudieron discernir lo que se suponía que estuviesen haciendo. Fueron de un trabajo a otro sin un rumbo fijo y lucharon con las finanzas. No tuvieron padres que oraran por ellos para que sus dones y talentos fueran revelados, y conocer el llamado de Dios en sus vidas, para que se les abrieran las puertas y llegaran a alcanzar todo para lo que ellos fueron creados. La historia tiende a repetirse si no está presente la intervención de Dios.

He observado que las personas que han tenido padres que oran activamente, parecen encontrar el trabajo de sus vidas más temprano. Sus problemas quizás no se resuelvan de inmediato, pero ellos tienen un sentido de propósito y destino que les impulsa en la dirección correcta. Ellos no viven con la frustración y la falta de sentido que otras personas tienen. Mientras muchos padres tienen una agenda para sus hijos, la mayoría no busca el plan de Dios para sus vidas. Cuando la vida de un hijo se deja de esa forma a la suerte, el resultado puede ser vagar sin tener una vocación definida. Es pasar por muchos tropiezos, desalientos, dudas y desesperación innecesarios mientras trata de crear un lugar para él. Si tu esposo ha tenido un comienzo como este, tus oraciones pueden cambiar su vida.

Si él no tuvo padres que oraban, tú puedes llenar ese vacío. Puedes orar por sus ojos, para que se abran y vean lo que Dios desea que él haga, y hacia dónde Él lo está dirigiendo. Tus oraciones pueden ayudarlo a sentirse lo suficiente apreciado y animado como para reconocer que es valioso, no importa lo que haga. Puedes asegurarle que Dios le ha dotado de forma única con habilidad y talento y que tiene algo bueno para él. Luego, ora para que Dios se lo revele y abra la puerta de la oportunidad que ningún hombre puede cerrar. Tus oraciones pueden pavimentar un camino para él.

Si tu esposo ya tiene una carrera de éxito, aún es bueno orar para que él esté donde Dios desea y para que todo continúe saliendo bien. Mi esposo que compone música y produce discos, me dijo que él sintió que mis oraciones habían evitado que él trabajara con clientes equivocados. Él nunca ha trabajado con alguien que sea difícil, raro, malvado o que no le convenía, cosa que no es menos que un milagro en su negocio. Él sabía que yo siempre oraba para que Dios lo guiara a la persona correcta y quitara de su camino aquellas que le traerían problemas. Mientras que nuestras oraciones no pueden asegurar una vía sin problemas para nuestros esposos, sí pueden mantenerla libre de muchos.

Si tu esposo trabaja duro, asegúrate de que tenga tiempo para descansar y divertirse, para hacer las cosas que lo entretienen y le dan un alivio del peso que produce tener que mantener toda una vida a una familia. Los hombres necesitan períodos de refrigerio. Si no los tienen, son propicios al agotamiento y a tentaciones de todo tipo. Tus oraciones pueden ayudarlo a comprender que el verdadero significado de la vida no viene del trabajo sino de seguir a Dios. Oremos por nuestros esposos para encontrar ese equilibrio perfecto.

Oración

Señor: Oro para que tú bendigas el trabajo que realiza mi esposo. Que su labor pueda traer no solo favor, éxito, y prosperidad, sino gran satisfacción también. Si el trabajo que él está haciendo no está en línea con tu perfecta voluntad para su vida, revélaselo y muéstrale qué cosa debiera hacer diferente y guíalo por el camino correcto. Dale fuerza, fe, y una visión para el futuro para que pueda levantarse por encima de cualquier tendencia a pereza. Que nunca huya del trabajo a causa del temor, egoísmo o el deseo de evadir la responsabilidad. Por otro lado, ayúdalo a darse cuenta de que él no tiene que trabajar hasta matarse para conseguir la aprobación del hombre, o codiciar más allá de lo que es un don tuyo. Dale la habilidad de disfrutar de su éxito sin tener que luchar por más. Ayúdalo a sobresalir, pero libéralo de la presión de tener que hacerlo.

Oro para que tú seas el Señor sobre su trabajo, y que él pueda incluirte en todo los aspectos de su vida. Dale suficiente confianza en los dones que tú le has dado para que pueda buscar, encontrar y hacer un buen trabajo. Ábrele puertas de oportunidades que ningún hombre pueda cerrar. Desarrolla sus habilidades para que crezcan y sean más valiosas con el paso de cada año. Muéstrame lo que yo puedo hacer para animarlo.

Oro para que este trabajo sea establecido, seguro, de éxito, de satisfacción y recompensado financieramente. Que él "nunca deje de ser diligente; antes bien, sirva al Señor con el fervor que da el Espíritu" (Romanos 12:11). Deja que él sea como el árbol plantado a la orilla de un río que, cuando llega su tiempo, da fruto y sus hojas jamás se marchitan. ¡Todo cuanto hace prospera! (Salmo 1:3).

HERRAMIENTAS DE PODER

¿Has visto a alguien diligente en su trabajo? Se codeará con reyes, y nunca será un Don Nadie.

Proverbios 22:29

No te afanes acumulando riquezas; no te obsesiones con ellas. ¿Acaso has podido verlas? ¡No existen! Es como si les salieran alas, pues se van volando como las águilas.

Proverbios 23:4,5

¿De qué sirve ganar el mundo entero si se pierde la vida? ¿O qué se puede dar a cambio de la vida?

Mateo 16:26

Por causa del ocio se viene abajo el techo, y por la pereza se desploma la casa.

Eclesiastés 10:18

Que el favor del Señor nuestro Dios esté sobre nosotros. Confirma en nosotros la obra de nuestras manos; sí, confirma la obra de nuestras manos.

Salmo 90:17

Capítulo tres

Sus finanzas

*M*ucho de lo que es tu esposo y de lo que él experimenta en la vida se relaciona con sus finanzas. ¿Es dadivoso o miserable? ¿Agradecido o envidia a los demás? ¿El dinero es una bendición o una maldición? Es sabio o descuidado con lo que tiene? ¿Está de acuerdo contigo en cómo debe gastarse el dinero, o tu matrimonio presenta problemas financieros? Nada pone más presión en un matrimonio que la responsabilidad financiera, falta de dinero o grandes deudas. Solo cuando reconocemos que todo lo que tenemos proviene de Dios y busquemos hacerlo Señor en todo, es que podemos evitar los problemas que el dinero, o la falta del mismo, nos trae.

Aunque mi esposo siempre nos ha dado buena vida, la naturaleza de su negocio es "abundancia o escasez" de acuerdo a cuándo entra el dinero y cuánto. Un año hubo una recesión en el negocio de la música y todo el mundo lo sintió. Incluso las compañías que eran dueñas de la nuestra retuvieron pagos debido a su falta de efectivo. Fue un momento aterrador, pero hubiera sido mucho peor si no hubiésemos tenido la fe en el Señor y dedicado nuestras finanzas a Él. Nuestra confianza vino en saber que habíamos obedecido a Dios en diezmar de nuestro dinero a la iglesia. "Traigan íntegro el diezmo para los fondos del templo, y así habrá alimento en mi casa. Pruébenme en esto, dice el Señor Todopoderoso, y vean si no abro las compuertas del cielo y derramo sobre ustedes bendición hasta que sobreabunde" (Malaquías 3:10). Nosotros también habíamos sido fieles en dar a los pobres y aquellos en necesidad. "Dichoso el que piensa en el débil; el Señor lo librará en el día de la desgracia. El Señor lo protegerá y lo mantendrá con vida; lo hará dichoso en la tierra y no lo entregará al capricho de sus adversarios" (Salmo 41:1,2). Nosotros también sabíamos que la Biblia promete que aquellos "que buscan al Señor nada les falta" (Salmo 34:10). Por supuesto, nosotros estábamos buscando del Señor y creímos que al buscar de Dios como nuestro proveedor y vivir en obediencia a sus caminos, Él nos proveería y tendríamos todo lo que necesitáramos. Él lo hizo y nosotros lo hacemos.

Muchos problemas de dinero se pueden resolver al poner todas las finanzas bajo la cubierta de Dios y hacer lo que Él dice que debemos hacer con el mismo. Esto significa, dar cuando Él dice que demos. Cuando tú lo haces, Dios promete librarte, protegerte, bendecirte, sanarte, y mantenerte con vida. Cuando no lo haces, vas a experimentar la misma desolación que experimentan los pobres. "Quien cierra sus oídos al clamor del pobre, llorará también sin que nadie le responda" (Proverbios 21:13). El no dar, corta tus habilidades para disfrutar lo que tienes y te lleva a toda una vida de dificultades.

Puedo asegurarte que hay personas pudientes que no dan. Pero si revisaras de cerca sus vidas, descubrirías que están perdiéndose muchas de las bendiciones del Señor. Las bendiciones de buena salud, protección, amor, paz, salud y satisfacción de continuo les evaden, y no saben el porqué. Ellos tienen riquezas pero pierden la habilidad de disfrutarla, todo porque no saben que la clave para la vida es conocer al Señor y vivir a su manera. Esto significa dar tiempo, energía, amor, talento y finanzas de acuerdo a sus instrucciones.

Ora para que tu esposo entienda esta clave para la vida y comprenda la voluntad de Dios para sus finanzas, y se convierta en una persona dadivosa que está contenta con vivir de acuerdo a sus medios y no está siempre luchando por tener más. No estoy diciendo que nunca debe tratar de aumentar sus ganancias, todo lo contrario. El hombre se merece ganar lo que valga su trabajo y su esposa debe orar para que así sea. No debiera aceptarse como estilo de vida el trabajo agotador y monótono que lleva a una pobreza extrema que trae amargura, angustia, enfermedades y envidia. De todas formas ora para que el depósito de bendiciones se derrame sobre él, pero ora para que todo ello proceda de la mano de Dios. "La bendición del Señor trae riquezas, y nada se gana con preocuparse" (Proverbios 10:22).

Puede que no sea posible el usar las oraciones para evitar todo problema financiero, porque Dios en ocasiones usa las finanzas para llamar nuestra atención y enseñarnos cosas. Pero tus oraciones con seguridad ayudarán a proteger a tu esposo de luchas y pérdidas innecesarias. El deseo de Dios es bendecir a aquellos que tienen corazones obedientes, agradecidos y dadivosos, cuyo verdadero tesoro está en el Señor. "Porque donde esté tu tesoro, allí estará también tu corazón" (Mateo 6:21). Dios desea que tu esposo encuentre su tesoro en Él, no en sus finanzas.

Oración

Señor, te entrego nuestras finanzas. Te ruego que estés en control de ellas y que las uses para tus propósitos. Que ambos seamos buenos administradores de todo lo que tú nos has dado, y que estemos completamente de acuerdo en cómo debe gastarse. Oro para que aprendamos a vivir libres de la opresión de las deudas. Donde no hemos sido sabios, trae restauración y danos dirección. Muéstrame cómo puedo ayudar a aumentar nuestras finanzas y no a disminuirlas neciamente. Ayúdanos a recordar que todo lo que tenemos te pertenece, y a ser agradecidos por ello.

Oro para que a (<u>nombre del esposo</u>) le sea fácil darte a ti y a otros, de acuerdo a como tú lo has instruido en tu Palabra. Dale sabiduría para manejar el dinero. Ayúdalo a tomar las decisiones correctas para gastarlo. Muéstrale cómo planear para el futuro. Oro para que él encuentre el equilibrio perfecto entre el gastar sin necesidad y ser miserable. Que siempre reciba buena paga por el trabajo que realiza, que su dinero no le sea robado o que lo pierda, devorado, destruido o malgastado. Multiplícalo para que lo que él gane le rinda. Oro para que no esté ansioso por sus finanzas, y que busque primero tu reino, sabiendo que mientras él lo haga, tendremos lo que necesitamos (Lucas 12:31).

Sus finanzas

HERRAMIENTAS DE PODER

Así que no se afanen por lo que han de comer o beber; dejen de atormentarse. El mundo pagano anda tras todas estas cosas, pero el Padre sabe que ustedes las necesitan. Ustedes, por el contrario, busquen el reino de Dios, y estas cosas les serán añadidas.

Lucas 12:29-31

Además, a quien Dios le concede abundancia y riquezas, también le concede comer de ellas, y tomar su parte y disfrutar de sus afanes, pues esto es don de Dios.

Eclesiastés 5:19

El que ayuda al pobre no conocerá la pobreza; el que le niega su ayuda será maldecido.

Proverbios 28:27

He sido joven y ahora soy viejo, pero nunca he visto justos en la miseria, ni que sus hijos mendiguen pan.

Salmo 37:25

Así que mi Dios les proveerá de todo lo que necesiten, conforme a las gloriosas riquezas que tiene en Cristo Jesús.

Filipenses 4:19

Capítulo Cuatro

Su sexualidad

Nosotros tratamos en este libro las principales prioridades de la vida de un hombre. Siento que si nosotras podemos contribuir a la felicidad de nuestros esposos en éstas áreas más cercanas a su corazón, tendremos un gran éxito acercándonos en otras áreas que son cruciales para su bienestar.

Después de veinte años de orar con mujeres por sus fracasos, luchas, insatisfacciones o matrimonios muertos, he observado que con frecuencia la relación sexual ocupa un lugar muy bajo en las prioridades de sus mentes. No es que la esposa no se preocupe en absoluto por esa parte de su vida, sino que hay muchas otras cosas que piden a gritos su atención, tales como crianza de los hijos, trabajo, finanzas, administración del hogar, tensión emocional, agotamiento, enfermedades y luchas maritales. En el balance de las prioridades de la esposa, el sexo puede terminar al final de la lista. Algunas mujeres dejan que pasen semana tras semana, mes tras mes, seis meses, un año, o incluso más tiempo sin tener relaciones sexuales con sus esposos por una u otra razón. Cuando llega el desastre, se sorprenden. Aunque la esposa puede haberse sentido bien con este arreglo, su esposo estaba siendo abandonado en una parte importante de su ser.

Para una esposa, el sexo es resultado del afecto. Ella no desea ser afectiva con un hombre que la hace sentir enojada, herida, sola, decepcionada, sobrecargada de trabajo, sin apoyo, que no la cuida, o abandonada. Las esposas en ocasiones lo entienden al revés. Ellas piensan: *Nosotros podemos tener relaciones sexuales después que arreglemos los demás temas pendientes*. Pero en realidad hay una mayor oportunidad de arreglar los demás asuntos si el sexo viene primero.

Por eso es importante que las relaciones sexuales sean una prioridad en el matrimonio. Ya sea que todas las condiciones estén perfectas o que te sientas con deseo o no, ese no es el punto. El punto es llenar las necesidades de tu esposo y mantener las líneas de comunicación abiertas. Al hombre se le puede, con facilidad, hacer sentir insignificante, golpeado, desanimado, destruido o tentado en esta área de su ser. Posiblemente no hay nada más importante para un hombre sentirse realizado que el área sexual y tampoco hay área más vulnerable que esta.

Los problemas sexuales son muy comunes porque muchas mujeres no tienen una clara visión del punto de vista de Dios en el tema. Pero la Biblia es muy clara. "La mujer ya no tiene derecho sobre su propio cuerpo, sino su esposo. Tampoco el hombre tiene derecho sobre su propio cuerpo, sino su esposa. No se nieguen el uno al otro, a no ser de común acuerdo, y sólo por un tiempo, para dedicarse a la oración. No tarden en volver a unirse nuevamente; de lo contrario, pueden caer en tentación de Satanás, por falta de dominio propio" (1 Corintios 7:4-5). La relación sexual entre el esposo y la esposa es idea de Dios. A menos que estemos orando y ayunando durante semanas a la vez, o estemos experimentando enfermedad o separación física, no hay excusa para no tenerlo con regularidad.

Cuando nos casamos, nuestros cuerpos no nos pertenecen. Nosotros nos *debemos* atención el uno al otro y no nos debemos de privar el uno del otro. La frecuencia de las relaciones sexuales depende de las necesidades de la otra persona, no de las nuestras solamente. Si tu actitud acerca de las relaciones sexuales se resume solo a lo que *tú* necesitas o a lo que tú no deseas, entonces no tienes la perspectiva de Dios. Él dice que nuestro cuerpo debe ser usado para consolar y completar a la otra persona. En el matrimonio hay algo que se crea dentro del hombre cuando esta necesidad es satisfecha por su esposa. Algo se pierde cuando no sucede. Tú misma te vuelves vulnerable a la tentación, y a mucha más destrucción de la que puedes imaginarte, cuando esta área de íntima comunicación es abandonada. Le puede suceder a cualquiera, y por eso es que el aspecto sexual de tu matrimonio y la sexualidad de tu esposo necesita ser cubierta en oración. Y es mejor comenzar a orar por esto *antes* que tengas que hacerlo.

Si tu esposo desea tener relaciones sexuales con más frecuencia y tú eres la que estás evitando que esto suceda, ora para que Dios te ayude a cambiar tu forma de ser. Yo he encontrado que el tiempo más difícil para lidiar con el tema de la relación sexual es cuando los hijos son pequeños y no pueden valerse por sí mismos. Para cuando los acuestas a dormir, estás exhausta y lista para descansar. Estás pensando en acostarte a dormir tan pronto como te sea posible, mientras que tu esposo ha estado haciendo otros planes para ti. Tus opciones son que él se tranquilice y le dices: "Olvídalo. Estoy cansada", o le dices lo exhausta que estás y esperas que él responda: "No hay problema. Descansa", o comienzas con una mala actitud y le haces sentir culpable o enojado. Pero yo he encontrado cuatro opciones que trabajan mucho mejor. Trátalas a ver si funcionan contigo.

Cuando tu esposo te dice lo que tiene en mente, como solo lo puede hacer un esposo, no le des vuelta a los ojos y respires profundo. En lugar de eso dile: "Está bien, dame quince minutos." (O diez o veinte, o el tiempo que necesites..) Durante ese tiempo, haz algo para que te sientas atractiva. Por ejemplo, toma una ducha o un baño relajante. Échate una loción perfumada para el cuerpo o su perfume favorito (usa el perfume que sueles usar solo para estas ocasiones a solas con él). Péinate. Lávate la cara y prepárala con productos que hagan lucir tu piel suave y fresca. Ponte brillo en los labios y color en las mejillas. Cámbiate a una ropa interior que tú sabes que él encuentra irresistible. No te preocupes de tus imperfecciones; él no está pensando en ellas. Si estás consciente de ellas, usa un hermoso camisón de noche que cubra las áreas que a ti te molestan. Mientras estás haciendo esto, ora para que Dios te renueve las energías, fuerzas, vitalidad y buena actitud. La esperanza es que cuando estés lista, tu esposo encuentre que valió la pena esperar. Te sorprenderá lo mucho mejor que eres como pareja sexual, cuando te sientes bien contigo misma. Él estará más feliz y ambos dormirán mejor. Esto es una pequeña inversión de tiempo para ver grandes resultados en tu matrimonio.

En ocasiones tenemos la situación opuesta, donde la esposa es abandonada sexualmente por el esposo. Su falta de interés puede suceder por muchas razones, física, mental o emocional. Pero si él está contento con pasar un mes tras otro sin tener relaciones sexuales, entonces algo anda mal. Si no hay un problema físico impidiéndoselo, quizás tiene profundos sentimientos de fracaso, desencanto, depresión o desesperanza que necesitan ser atendidos; las oraciones pueden revelar cuál es el problema y cómo resolverlo. Busca ayuda profesional si la necesitas. Es más económica que el divorcio o el tormento físico, emocional y mental de un matrimonio muerto. No dejes que las emociones negativas como el resentimiento, amargura, autocompasión y falta de perdón crezcan en ti. Mantente saludable y atractiva. Si no tienes una opinión suficientemente alta de ti como para cuidar tu cuerpo, hazlo como un acto de bondad hacia él. Ten camisones especiales que a él le gusten y póntelos cuando estés con él. Hazte un nuevo peinado; sorpréndelo con una nueva actitud y mantén tu mente fresca y renovada. Básicamente, *no te quedes sin hacer algo.*

Las cosas malas suceden cuando la parte sexual del matrimonio es abandonada. No dejes que eso te suceda. Mantén tu vista en el calendario y rehúsa permitir que pase mucho tiempo sin tener relación física con tu esposo. Si ha pasado demasiado tiempo, pídele a Dios que te muestre el por qué y que te ayude a remediar la situación. Y recuerda, nunca es demasiado tarde para orar por pureza sexual, no importa lo que haya ocurrido en el pasado de cualquiera de los dos. En ocasiones los problemas sexuales en el matrimonio suceden como resultado de experiencias sexuales antes del matrimonio. Ora para que seas libre y sanada de esos recuerdos. La pureza sucede en el momento que echa raíces en el corazón. La oración es donde comienza. No dañes o pierdas lo que Dios tiene para tu matrimonio por ser negligente y no orar por esta área vital de tu vida.

Oración

Señor, bendice la sexualidad de mi esposo y hazla un área de gran satisfacción para él. Restaura lo que necesita ser restaurado, y pon equilibrio donde sea necesario. Protégenos de la apatía, decepción, crítica, ocupaciones, falta de perdón, mortandad o falta de interés. Oro para que hagamos tiempo el uno para el otro, nos comuniquemos nuestros verdaderos sentimientos con franqueza, y nos mantengamos sensibles a lo que cada uno necesita.

Mantennos sexualmente puros en cuerpo y mente, y cierra la puerta a cualquier lujuria o cosa ilícita que busque asirse a nosotros. Líbranos de la atadura de los errores pasados. Quita de nuestro medio los efectos de cualquier experiencia sexual, en pensamiento u obra, que haya sucedido fuera de nuestra relación. Quita de nuestras vidas a cualquier persona o cosa que pueda ser una tentación para la infidelidad. Ayúdanos a "abstenernos de la inmoralidad sexual" para que cada uno de nosotros aprenda "a controlar su cuerpo de una manera santa y honrosa" (1 Tesalonicenses 4:3-5). Oro que nos deseemos el uno al otro y a nadie más. Muéstrame cómo estar atractiva y deseable para él y ser la compañera que él necesita. Oro para que ninguno de nosotros sea nunca tentado a pensar en buscar satisfacción en otro lugar.

Comprendo que una parte importante de mi ministerio hacia mi esposo es el área sexual. Ayúdame a nunca usar el sexo como un arma o medio de manipulación, accediendo o negándome con fines egoístas. Entrego esta área de nuestras vidas a ti, Señor, y que pueda ser renovada y con vida de continuo. Haz que todo sea para lo que tú lo creaste.

HERRAMIENTAS DE PODER

Huyan de la inmoralidad sexual. Todos los demás pecados que una persona comete quedan fuera de su cuerpo; pero el que comete inmoralidades sexuales peca contra su propio cuerpo. ¿Acaso no saben que su cuerpo es templo del Espíritu Santo, quien está en ustedes y al que han recibido de parte de Dios? Ustedes no son sus propios dueños: fueron comprados por un precio. Por tanto, honren con su cuerpo a Dios.

1 Corintios 6:18-20

Pero el cuerpo no es para la inmoralidad sexual sino para el Señor, y el Señor para el cuerpo.

1 Corintions 6:13

Bebe el agua de tu propio pozo, el agua que fluye de tu propio manantial. ¿Habrán de derramarse tus fuentes por las calles y tus corrientes de aguas por las plazas públicas? Son tuyas, solamente tuyas, y no para que las compartas con extraños. ¡Bendita sea tu fuente! ¡Goza con la esposa de tu juventud! Es una gacela amorosa, es una cervatilla encantadora. ¡Que sus pechos te satisfagan siempre! ¡Que su amor te cautive todo el tiempo!

Proverbios 5:15-19

Capítulo Cinco

Su cariño

Tomás y Patricia llevaban varios años de casados cuando ella tuvo una conversación seria con él sobre su falta de cariño. Él era un esposo maravilloso en cualquier otro aspecto y sus relaciones sexuales eran buenas, pero aparte del acto sexual, no había cariño. No era porque Tomás no quisiera a Patricia, él la adoraba, sino porque el cariño era algo que él no tuvo de niño. Patricia se sentía culpable por la manera en que se sentía y no quería criticar o herir a Tomás, pero ella no había recibido cariño de niña tampoco, y por eso lo necesitaba tanto en su matrimonio. Cada vez que Patricia le hablaba a Tomás sobre su problema él trataba de cambiar, pero pronto las cosas regresaban a como estaban antes. Esto produjo una gran frustración y heridas en ambos. Con el tiempo Patricia perdió las esperanzas y se sintió como si estuviera muriendo por dentro. Ella no podía visualizar cómo podría vivir el resto de su vida sin cariño, pero no tenía ninguna esperanza de que Tomás cambiara algún día.

Finalmente, su infelicidad la forzó a hablar del problema con sus compañeras de oración. Ellas con diligencia lo cubrieron con oración cada semana y mientras oraban, Dios obró en Patricia. Él le habló sobre obedecerlo a Él en el área de comer bien y hacer el ejercicio apropiado, un área donde había estado siempre en rebelión. Cuando ella se sometió por completo a Dios en cuanto a esto y comenzó a hacer las cosas que Él le había estado diciendo que hiciera, comenzó a sentirse mejor acerca de sí misma y se dio cuenta de que *merecía* ser tratada con cariño por su esposo. No tenía que sentirse culpable por desear afecto porque el Señor deseaba eso para ella también. Pronto sintió que Dios la dirigía a que tratara este asunto con Tomás de nuevo. En esta ocasión sería diferente porque ahora estaba siendo guiada por el Espíritu Santo, y ella y sus compañeras de oración habían orado por una transformación milagrosa en él.

—Necesité coraje para poder hablar de esto de nuevo —me contó ella—. Yo temía que nos impulsara al divorcio porque ambos estábamos muy heridos y sentía que no había esperanza entre nosotros. Pero Dios me dio la habilidad de decir en amor las palabras que necesitaba decir, y en esta ocasión la conversación trajo un avance inmediato.

—El momento decisivo vino —recuerda Tomás—, cuando Patricia me dijo: "Querido, ¿cómo una persona tan maravillosa como tú, con todos tus atributos, alguien a quien yo amo y en quien confío tanto, no puede ser cariñoso?"

—Como dije palabras que lo alentaban —explicó Patricia—, le dio esperanza para tratar de nuevo.

Tomás procedió diferente en esta ocasión. Él llevó el problema a su grupo de oración de hombres, quienes de inmediato se reunieron alrededor de él. Ellos decidieron no solo apoyarlo en oración diaria, sino mantenerlo también dando cuentas de su esfuerzo por mostrar algún tipo de cariño a Patricia cada día.

—Esto es algo a lo que yo le doy la bienvenida, porque deseaba cambiar —dijo Tomás—. Yo amo a Patricia y odiaba que le estuviese haciendo daño. Deseaba ser diferente y sabía que una verdadera transformación solo podía suceder por el poder del Espíritu Santo.

Cada día por varias semanas, uno de los hombres del grupo llamaba a Tomás y le decía:

—¿Qué has hecho hoy para mostrarle afecto a Patricia?

Ellos también le sugerían diferentes *maneras* de demostrarle cariño y alentarla. Le dijeron que la llamara con regularidad y le dijera: "¿Cómo me va?" Para una persona cuyo corazón no había sido preparado por el Espíritu Santo, esto hubiera sido algo muy fastidioso. Pero debido a que Tomás le dio la bienvenida a la obra del Señor en él, no le fue gravoso.

—Ahora lo primero que él hace cuando llega a casa es darme un abrazo y un beso —dice Patricia con una gran sonrisa—. Me sentí como una nueva persona después de cinco abrazos.

La situación de Tomás y Patricia no es rara. Muchas personas, incluso hombres y mujeres devotos, viven en matrimonios que están muertos porque no hay cariño en ellos. Las mujeres lo soportan porque sus esposos son buenos en otras áreas, o ellas no se sienten dignas de pedir afecto. Pero esta no es la forma en que Dios diseñó las relaciones en el matrimonio. "El hombre debe cumplir su deber conyugal con su esposa, e igualmente la mujer con su esposo" (1 Corintios 7:3). Hay "un tiempo para abrazar", la Biblia dice en Eclesiastés 3:5. Cuando estás casada, es definitivamente el tiempo. El cariño no está en la cabeza de la lista de prioridades del hombre, porque a menudo los hombres ven el sexo y el afecto como la misma cosa. La mayor necesidad de la mujer es el cariño. Si tienes un matrimonio que le falta demostraciones de cariño, ora por la transformación del Espíritu Santo.

Oración

Señor, oro por un afecto físico abierto entre mi esposo y yo. Capacítanos a cada uno para dejar a un lado el estar consciente de uno mismo o apatía y ser efusivos en nuestra demostración de amor. Ayúdanos a demostrar cuánto nos preocupamos y valoramos el uno al otro. Recuérdanos cada día que debemos, de alguna manera, tocarnos de forma afectiva el uno al otro. Ayúdanos a no ser fríos, poco expresivos, sin interés o distantes. Capacítanos para ser cálidos, tiernos, compasivos, amorosos, y aduladores. Rompe cualquier testarudez de nuestra parte que rehúse cambiar o crecer. Si uno de nosotros es menos cariñoso para el detrimento del otro, llámanos a establecer un equilibrio.

Donde cualquier falta de cariño haya plantado en nuestros hijos, un punto de vista negativo sobre el matrimonio; o les haya enseñado alguna forma incorrecta de relacionarse con su compañero en el matrimonio, ayúdanos a modelar la forma correcta para que ellos la puedan observar. Muéstranos cómo confesarles con franqueza nuestros errores y demostrar nuestro compromiso de vivir de forma diferente.

Cambia nuestros hábitos de indiferencia y mucha ocupación, y si no sabemos valorarnos el uno al otro, que no dejemos de hacer el esfuerzo de extender la mano y tocarnos mutuamente con cariño. Ayúdanos a no debilitar el matrimonio con falta de cuidado de estos medios vitales de comunicación. Oro para que siempre "nos saludemos los unos a los otros con un beso de amor fraternal" (1 Pedro 5:14). Yo sé que solo el poder transformador del Espíritu Santo puede hacer cambios que perduren. Yo confío que tú nos transformes y nos hagas el esposo y la esposa que nos has llamado a ser.

HERRAMIENTAS DE PODER

Por tanto, si sienten algún estímulo en su unión con Cristo, algún consuelo en su amor, algún compañerismo en el Espíritu, algún afecto entrañable, llénenme de alegría teniendo un mismo parecer, un mismo amor, unidos en alma y pensamiento.

Filipenses 2:1,2

Así mismo el esposo debe amar a su esposa como a su propio cuerpo. El que ama a su esposa se ama a sí mismo, pues nadie ha odiado jamás a su propio cuerpo: al contrario, lo alimenta y lo cuida, así como Cristo hace con la iglesia.

Efesios 5:28-29

Cada uno debe velar no sólo por sus propios intereses sino también por los intereses de los demás.

Filipenses 2:4

¡Ojalá pudiera mi cabeza reposar sobre su izquierda! ¡Ojalá su derecha me abrazara!

Cantar de Cantares 2:6

Que nadie busque sus propios intereses sino los del prójimo.

1 Corintios 10:24

Capítulo Seis

Sus tentaciones

Desde el momento en que Michael y yo nos casamos, le pedí a Dios que quitara la tentación de nuestras vidas. Yo no sé si ha sido el resultado de la oración o el hecho de que ambos nos cuidamos contra tales cosas, pero nunca nos hemos dado el uno al otro ni un solo momento de preocupación. Estoy segura de que se debe más a la mano de Dios que a la fuerza de represión humana, pero ambas son importantes.

Conozco varias parejas que han experimentado el adulterio en sus matrimonios, pero a causa de que en cada caso había una esposa dispuesta a orar y un esposo dispuesto a dejar que Dios lo cambiara y restaurara, hoy día los matrimonios están aún intactos y con éxito. Solo la oración, un corazón sometido, y el poder transformador del Espíritu Santo pueden obrar esta clase de milagros.

Tengo otra amiga cuyo esposo ha tenido varios idilios amorosos antes de al fin divorciarse. Cada ocasión era con una de sus mejores amigas. Yo pongo en duda su elección de "amigas", pero nunca pongo en duda su santidad o compromiso de oración. Ella oró. Pero el corazón que rehúsa escuchar los impulsos del Espíritu Santo no cambiará, no importa cuán fuerte ores.

La tentación está en todas partes hoy día, y somos tontas si pensamos que nosotras o nuestros esposos no pueden ser seducidos de una forma u otra. La Biblia dice: "El sepulcro, la muerte y los ojos del hombre jamás se dan por satisfechos" (Proverbios 27:20). Si eso es cierto, la tentación siempre es una posibilidad y tenemos que estar vigilando. Ciertas personas son tentadas por el alcohol y las drogas; otras sienten tentación por el dinero y el poder. Incluso otras encuentran que la adicción a la comida, la pornografía o la inmoralidad sexual son tentaciones irresistibles. El enemigo de nuestras almas conoce dónde está la debilidad de nuestra carne y él pondrá tentaciones a nuestro paso en los puntos más vulnerables. La pregunta no es si habrá tentación o no, sino cómo trataremos con ellas cuando surjan. Recomiendo orar en medio de ellas. Mientras que la oración puede o no detener a un hombre de hacer algo que él está determinado a hacer, sí *puede* disminuir las voces de la tentación y fortalecer su resolución. Puede pavimentar el camino para que él tome las decisiones correctas.

La Biblia dice que Dios no nos tienta. Son nuestros *deseos* quienes nos atraen a lo que nos seduce. Ellos son los que nos hacen pecar y traer muerte a nuestras vidas. Pero, "dichoso el que resiste la tentación porque, al salir aprobado, recibirá la corona de la vida que Dios ha prometido a quienes lo aman" (Santiago 1:12). Dios desea que pasemos por tentaciones porque Él desea bendecirnos. Pero Él necesita saber si puede confiar en que nosotros escogeremos sus caminos en lugar de nuestros deseos carnales. Él siempre nos dará la salida si la deseamos de corazón cuando buscamos de Él.

El mejor momento de comenzar a orar por esto es *antes* que algo suceda. Jesús instruyó a sus discípulos a que "vigilen y oren para que no caigan en tentación. El espíritu está dispuesto, pero el cuerpo es débil" (Marcos 14:38). Si tu esposo lucha en ciertas áreas, ora para que él desee tener compañeros de oración santos con quienes pueda compartir con sinceridad, dar cuenta, y recibir oración. Una confesión abierta delante de Dios y de otros creyentes hace más para minimizar el poder del tentador que cualquier otra cosa. Desdichadamente, muchos hombres son reservados para revelar lo que les tienta más y de esa forma se cierran a lo mismo que pudiera protegerlos.

Si después de todo lo que oras, tu esposo aún cae en las manos del tentador, no te culpes. La decisión al final es de él. Él ha escogido caminar en la carne y no en el Espíritu. "Así que les digo: Vivan por el Espíritu, y no seguirán los deseos de la naturaleza pecaminosa. Porque ésta desea lo que es contrario al Espíritu, y el Espíritu desea lo que es contrario a ella. Los dos se oponen entre sí, de modo que ustedes no pueden hacer lo que quieren" (Gálatas 5:16,17). No dejes de orar por él. No importa lo desesperado que luzca cuando lo veas que es tentado una y otra vez, tú sabes que Dios ha provisto la manera de escapar y puede que tú seas el instrumento que Él usará para ayudarlo a él a encontrarla. Si no hay problema de tentación en tu matrimonio, da gracias y ora para que siga de esa forma.

Oración

Señor, oro para que fortalezcas a mi esposo para que pueda resistir cualquier tentación que venga a su camino. Quítala de su mente antes que alcance su corazón o experiencia personal. No lo guíes en tentación, sino líbralo de males tales como el adulterio, la pornografía, las drogas, el alcohol, la adicción a alimentos o juegos, y perversión. Quita la tentación en especial en el área de (nombra una tentación específica). Hazlo fuerte donde él es débil. Ayúdalo a levantarse por encima de cualquier cosa que se levante como fortaleza en su vida. Que él pueda decir: "No me pondré como meta nada en que haya perversidad. Las acciones de gente desleal las aborrezco; no tendrán nada que ver conmigo" (Salmo 101:3).

Señor, tú has dicho que "Como ciudad sin defensa y sin murallas es quien no sabe dominarse" (Proverbios 25:28). Oro que (el nombre del esposo) no sea vencido por el poder del mal, sino levantado por el poder de Dios. Establece una pared de protección alrededor de él. Llénalo con tu Espíritu y quita todo lo que no sea de ti. Ayúdalo a tomar control sobre su espíritu y a tener dominio propio para resistir cualquier cosa o persona que se convierta en tentación. Que él pueda tener "..aborrezca el mal; se aferre al bien" (Romanos 12:9). Oro para que él sienta repulsión por las situaciones tentadoras. Dale valor para rechazarlas y enséñalo a caminar en el Espíritu para que él no cometa la tentación de la carne.

HERRAMIENTAS DE PODER

Que nadie, al ser tentado, diga: "Es Dios quien me tienta". Porque Dios no puede ser tentado por el mal, ni tampoco tienta él a nadie. Todo lo contrario, cada uno es tentado cuando sus propios malos deseos lo arrastran y seducen. Luego cuando el deseo ha concebido, engendra el pecado; y el pecado, una vez que ha sido consumado, da a luz la muerte".

Santiago 1:13-15

Ustedes no han sufrido ninguna tentación que no sea común al género humano. Pero Dios es fiel, y no permitirá que ustedes sean tentados más allá de lo que puedan aguantar. Más bien cuando llegue la tentación, él les dará también una salida a fin de que puedan resistir.

1 Corintios 10:13

Vivamos decentemente, como a la luz del día, no en orgías y borracheras, ni en inmoralidad sexual y libertinaje, ni en disensiones y envidias. Más bien, revístanse ustedes del Señor Jesucristo, y no se preocupen por satisfacer los deseos de la naturaleza pecaminosa.

Romanos 13:13-14

Los que quieren enriquecerse caen en la tentación y se vuelven esclavos de sus muchos deseos. Estos afanes insensatos y dañinos hunden a la gente en la ruina y en la destrucción.

1 Timoteo 6:9

Las obras de la naturaleza pecaminosa se conocen bien: inmoralidad sexual, impureza y libertinaje; idolatría y brujería; odio, discordia, celos, arrebatos de ira, rivalidades, disensiones, sectarismos y envidia: borracheras, orgías y otras cosas parecidas. Les advierto ahora, como antes lo hice, que los que practican tales cosas no heredarán el reino de Dios.

Gálatas 5:19-21

Capítulo Siete

Su mente

Yo atribuía las luchas mentales de mi esposo a su genio musical. Tú sabes, el temperamento artístico, inteligente y brillante por un lado, y oscuro y temperamental por el otro. Cuando se deprimía, las palabras en su mente le decían que iba a fracasar, que no valía nada y que era incapaz de hacer lo que necesitaba. No tenía ninguna base en la realidad porque él tenía esos pensamientos aun en medio de sus trabajos más productivos y de éxito. Durante largo tiempo no me di cuenta de que sus batallas mentales no tenían que ser consideradas como "esa es su manera de ser". Ni que tenía que lucharlas solo. Si él y yo éramos uno, entonces un asalto a su mente lo era a la mía también. Yo podía mantenerme en pie con él en la batalla, declarando: "Este no es Dios hablando a la vida de mi esposo, es la voz del enemigo. No voy a quedarme sin hacer nada y mirar cómo estos juegos peligrosos actúan en su mente y en nuestras vidas".

Decidí tratar mi propio experimento y "hacer frente a las artimañas del diablo" (Efesios 6:11). Después de todo, la Biblia habla de "orar en el Espíritu en todo momento con peticiones y ruegos; y mantenerse alerta y perseverar en oración por todos los santos" (Efesios 6:18). Sin duda que "todos los santos" es una categoría, inclusive aunque no sea una descripción, que incluye a mi esposo.

Durante los meses siguientes, mientras perseveraba en oración por él, me sorprendieron los resultados. No solo él pudo controlar mejor sus pensamientos, sino que con el tiempo, incluso pude ver la agresión venir y atacarla en oración antes que ganara ventaja. Mientras más veía mis oraciones contestadas, más cuenta se daba de dónde venían las mentiras y menos dispuesto estaba él a creerlas.

Cuando he viajado por el país debido a mis compromisos para hablar, he compartido con mujeres de todo tipo de vida, y me ha sorprendido ver cuán universal es este problema. De hecho, parece no importar el temperamento o los antecedentes de los esposos, ellos experimentan el mismo tipo de mentiras en sus mentes. Al fin me di cuenta de que todos los hombres tienen un enemigo que desea minar lo que Dios quiere hacer en sus vidas. Las mujeres tienen ese mismo enemigo, pero los hombres parece que son más vulnerables a este ataque en ciertas áreas. Incluso el más fuerte puede quedar exhausto, abrumado, cargado, desesperado o enredado en cosas que lo mantienen alejado de la presencia de Dios. Él no ve siempre las trampas del enemigo que desea que crea que lo que encara es insuperable. Su mente está llena de palabras como "desespero", "inútil", "fracaso", "imposible", "terminado", y "¿para qué tratar?" Una esposa puede orar que su esposo discierna las mentiras, y en su lugar escuche palabras como "esperanza", "prosperidad", "posibilidad", "éxito", y "nuevo comienzo", y sepa que son de Dios.

Las dos armas más poderosas en contra del ataque de las mentiras sobre la mente de tu esposo son la *Palabra de Dios* y la *alabanza*. "Ciertamente, la palabra de Dios es viva y poderosa, y más cortante que cualquier espada de dos filos. Penetra hasta lo más profundo del alma y del espíritu, hasta la médula de los huesos, y *juzga los pensamientos y las intenciones del corazón.*" (Hebreos 4:12). Al hablar la Palabra de Dios, puedes dejar al descubierto el pensamiento equivocado y perderá su poder. Si tu esposo no lo hace por él mismo, tú puedes hablar la Palabra de Dios por él, ya sea en su presencia o a solas en oración, y ver resultados positivos. He hecho eso por mi esposo innumerables veces y él dará testimonio de este poder. Recuerdo que Dios no le ha dado espíritu de temor, sino de poder y amor y de *dominio propio* (2 Timoteo 1:7). Yo le digo que estoy orando por él para reclamar esa mente sana, que goza de dominio propio, en todo tiempo.

La alabanza es también una herramienta poderosa porque la presencia de Dios viene a morar en nuestro medio cuando nosotros le alabamos. En su presencia encontramos sanidad y transformación para nuestras vidas. "A pesar de haber conocido a Dios, no lo glorificaron como a Dios ni le dieron gracias, sino que se extraviaron en sus inútiles razonamientos, y se les oscureció su insensato corazón" (Romanos 1:21). Tú no deseas que pensamientos fútiles entenebrezcan el corazón de tu esposo. Ofrece alabanzas a Dios por su salud mental, y él podrá pensar con más claridad sobre lo que él permitirá o no entrar a su mente.

Depresión, amargura, enojo, temor, rechazo, desespero, soledad, rebelión, tentación, maldad, y muchas enfermedades, todas comienzan en la mente. Estas cosas pueden controlar tu vida a menos que primero tomes control de tu mente. Por eso es que Dios nos instruye que no aceptemos como cierto todo lo que pensamos. "Todo el día extendí mis manos hacia un pueblo rebelde, que va por mal camino, siguiendo sus propias ideas" (Isaías 65:2). Él desea que compartamos *sus* pensamientos. "¿Quién ha conocido la mente del Señor para que pueda instruirlo? Nosotros [los que creemos] por nuestra parte, tenemos la mente de Cristo" (1 Corintios 2:16). Vamos a orar por nuestros esposos para que reciban la mente de Cristo y traigan todo pensamiento cautivo bajo el control de Dios. ¿Quién no necesita eso?

Oración

Señor, oro por tu protección en la mente de mi esposo. Protégelo de las mentiras del enemigo. Ayúdalo a que discierna con claridad entre tu voz y cualquier otra, y muéstrale cómo tomar todo pensamiento cautivo, según tú nos lo has instruido. Que él pueda tener sed de tu Palabra y hambre de tu Verdad para que pueda reconocer el pensamiento erróneo. Dale fuerzas para resistir los pensamientos mentirosos. Recuérdale que él tiene la mente de Cristo. Donde las mentiras del enemigo ya hayan invadido sus pensamientos, hago que retrocedan al invitar el poder del Espíritu Santo a que limpie su mente. Señor, tú me has dado la autoridad "sobre todo poder del enemigo" (Lucas 10:19). Con esa autoridad dada a mí en Jesucristo, ordeno a todo espíritu mentiroso que salga de la mente de mi esposo, y reclamo que Dios le ha dado a (nombre del esposo) dominio propio en su mente. Él no va a albergar confusión, sino vida en la claridad. No será atormentado con pensamientos impuros, malvados, negativos o pecaminosos, sino que será transformado mediante la renovación de su mente, para que él pueda comprobar cuál es la voluntad de Dios, buena, agradable y perfecta (Romanos 12:2).

Capacítalo para que "sea fortalecido con el gran poder del Señor" (Efesios 6:10). Ayúdalo para que no se inquiete por nada; más bien, en toda ocasión, con oración y ruego, presente sus peticiones a Dios, y le dé gracias. Y la paz de Dios, que sobrepasa todo entendimiento, cuidará su corazón y sus pensamientos en Cristo Jesús (Filipenses 4:6-7). Por último, todo lo verdadero, todo lo respetable, todo lo justo, todo lo puro, todo lo amable, todo lo digno de admiración, en fin, todo lo que sea excelente o merezca elogio, que él piense en estas cosas (Filipenses 4:8).

HERRAMIENTAS DE PODER

Pues aunque vivimos en el mundo, no libramos batallas como lo hace el mundo. Las armas con que luchamos no son del mundo, sino que tienen el poder divino para derribar fortalezas. Destruimos argumentos y toda altivez que se levanta contra el conocimiento de Dios, y llevamos cautivo todo pensamiento para que se someta a Cristo.

2 Corintios 10:3-5

La mentalidad pecaminosa es muerte, mientras que la mentalidad que proviene del Espíritu es vida y paz.

Romanos 8:6

Pero me doy cuenta de que en los miembros de mi cuerpo hay otra ley, que es la ley del pecado. Esta ley lucha contra la ley de mi mente, y me tiene cautivo.

Romanos 7:23

¡Gracias a Dios por medio de Jesucristo nuestro Señor! En conclusión, con la mente yo mismo me someto a la ley de Dios, pero mi naturaleza pecaminosa está sujeta a la ley del pecado.

Romanos 7:25

Ama al Señor tu Dios con todo tu corazón, con toda tu alma, con toda tu mente y con todas tus fuerzas.

Marcos 12:30

Capítulo Ocho

Sus temores

*H*ay muchas cosas en este mundo a las que temer; solo un necio diría lo contrario. Pero cuando el temor nos domina, atormenta y controla nuestras vidas, nos hemos convertido en cautivos de él. Los hombres, a menudo, son susceptibles a esto porque sin ellos ni siquiera darse cuenta, son atacados por "qué ocurriría si". "¿Qué ocurriría si no puedo ganar suficiente dinero; si algo le sucede a mi esposa e hijos; si contraigo una enfermedad terrible; si mi negocio fracasa; si no puedo ser un buen padre; si me quedo lisiado y no puedo trabajar para sostener a mi familia; si soy vencido o amenazado; si no puedo funcionar sexualmente; si nadie me respeta; si me veo involucrado en un accidente; si muero?" El temor puede controlar a un hombre (Salmo 48:6) y causar que su vida se pierda (Salmo 78:33). Si él es "dominado por un gran temor" (Lucas 8:37), esto lo puede mantener alejado de todo lo que Dios tiene para él.

Nuestro segundo año de casados, Michael y yo hicimos un viaje a Italia, Grecia e Israel con nuestro pastor, Jack Hayford, y su esposa Anna, y algunas personas de nuestra iglesia. Michael siempre ha sido un viajero muy ansioso, así que para cuando llegamos a Grecia, él estaba con tensión. Una noche, después de unos días en que estábamos exhaustos, él dijo:

—Esto para mí resulta terrible, yo no puedo quedarme en la gira.

—¿A qué le temes exactamente? —le pregunté.

—No estoy seguro —me respondió—. Pero tal parece que todo en mi vida se va a desmoronar si no regreso a la casa de inmediato.

Aunque era tarde en la noche, llamé a la habitación del pastor Jack para decirle que nos marchábamos en la mañana. Yo estoy segura de que él ya estaba acostado, pero me dijo:

—Voy para allá ahora mismo.

Él vino a nuestra habitación de inmediato y Michael compartió con él lo que estaba experimentando. El pastor puso su brazo compasivo alrededor de sus hombros y le habló sobre el amor que le tenía el Padre celestial.

—Dios te ha adoptado como su hijo —le dijo—. Cuando tú estás en la presencia de un Padre fuerte y amoroso, no hay que tener temor.

El pastor Jack oró por Michael para que pudiera percibir con claridad el amor de su Padre celestial, y él también le demostró el amor de un padre. Fue un simple acto inspirado por la bondad del Espíritu Santo, pero una revelación poderosa para Michael. A causa de esto, él pudo superar su temor y nos quedamos en la gira hasta el final. Y fue bueno que lo hiciéramos. Yo quedé encinta en Jerusalén, y nueve meses más tarde nuestro hijo Christopher, nació el día del cumpleaños del pastor Jack. Cosas significativas suceden en nuestras vidas cuando no permitimos que el temor domine una situación.

Hay una diferencia entre un pensamiento de temor que viene a la mente como un aviso para orar por una cosa en particular, y el espíritu atormentador de temor que paraliza. Tú no deseas debilitar los avisos del Espíritu Santo al corazón de tu esposo, sino apoyarlo mientras él lucha contra el temor destructivo. Jesús dijo: "Les voy a enseñar más bien a quién deben temer: teman al que, después de dar muerte, tiene poder para echarlos al infierno. Sí les aseguro que a él deben temerle" (Lucas 12:5). El único tipo de temor que se supone que nosotros tengamos es el temor del Señor.

Sus temores

Cuando tienes el temor al Señor, Dios promete librarte de tu enemigo (2 Reyes 17:39), protegerte del mal (Proverbios 16:6), mantener sus ojos en ti (Salmo 33:18), mostrarte su misericordia (Lucas 1:50), darte riquezas y honor (Proverbios 22:4), suplir todo lo que necesitas (Salmo 34:9), revelarte todo lo que necesitas saber (Salmo 25:14), bendecir a tus hijos y nietos (Salmo 103:17), darte confianza (Proverbios 14:26), una vida de satisfacción (Proverbios 19:23), larga vida (Proverbios 10:27), y los deseos de tu corazón (Salmo 145:19). ¿Qué más puedes pedir? Ora para que el consuelo, la seguridad y el amor perfecto del Señor rodee a tu esposo y lo libre de todos sus temores.

Oración

Señor, tú has dicho en tu Palabra que "en el amor no hay temor, sino que el amor perfecto echa fuera el temor. El que teme espera el castigo, así que no ha sido perfeccionado en el amor" (1 Juan 4:18). Oro para que perfecciones a mi esposo en tu amor para que los temores que atormentan no encuentren lugar en él. Yo sé que tú no le has dado espíritu de temor sino espíritu de poder, de amor y domino propio en su mente (2 Timoteo 1:7). Oro en el nombre de Jesús que el temor no domine a mi esposo. En su lugar, que tu Palabra penetre cada fibra de su ser, convenciéndolo de que tu amor por él es mucho mayor que cualquier cosa que él encare, y nada puede separarlo de ese amor.

Oro para que él te reconozca como Padre cuyo amor es infalible, su fuerza sin igual, y en el que en su presencia no hay nada que temer. Líbralo en este día del temor que destruye y reemplázalo con un temor santo (Jeremías 32:40). Enséñale tus caminos, Señor. Ayúdalo a caminar en tu verdad. Dale integridad de corazón para que tema tu nombre (Salmo 86:11). Que él no tenga temor del hombre, sino que se levante confiadamente y diga: "El señor es quien me ayuda; no temeré. ¿Qué me puede hacer un simple mortal?" (Hebreos 13:6). "Cuán grande es tu bondad, que atesoras para los que te temen" (Salmo 31:19).

Yo te digo (<u>nombre del esposo</u>), "Digan a los de corazón temeroso: Sean fuertes, no tengan miedo. Su Dios vendrá, vendrá con venganza; con retribución divina vendrá a salvarlos" (Isaías 35:4). "Serás establecida en justicia; lejos de ti estará la opresión, y nada tendrás que temer; el terror se apartará de ti, y no se te acercará" (Isaías 54:14). "No temerás el terror de la noche, ni la flecha que vuela de día, ni la peste que acecha en las sombras ni la plaga que destruye a mediodía" (Salmo 91:5,6). "El Espíritu del Señor reposará sobre él: espíritu de sabiduría y de entendimiento, espíritu de consejo y de poder, espíritu de conocimiento y de temor del Señor" (Isaías 11:2).

HERRAMIENTAS DE PODER

El ángel del Señor acampa en torno a los que le temen; a su lado está para librarlos.

Salmo 34:7

Busqué al Señor, y él me respondió; me libró de todos mis temores.

Salmo 34:4

Aun, si voy por valles tenebrosos, no temo peligro alguno porque tú estás a mi lado; tu vara de pastor me reconforta.

Salmo 23:4

Así que no temas porque yo estoy contigo; no te angusties, porque yo soy tu Dios. Te fortaleceré y te ayudaré; te sostendré con mi diestra victoriosa.

Isaías 41:10

El Señor es mi luz y mi salvación; ¿a quién temeré? El Señor es el baluarte de mi vida; ¿quién podrá amedrentarme?

Salmo 27:1

Capítulo Nueve

Su propósito

*T*oda persona tiene un propósito. Esta es la razón por la cual existimos. Es la misión, el objetivo o plan de nuestra vida. Por lo general estamos aquí para glorificar a Dios y hacer su voluntad. Cómo esto se traduce específicamente en nuestras vidas es único en cada uno de nosotros. Tu esposo necesita saber la razón por la que *él* existe, y estar seguro de que su vida no es solo un accidente, sino que está aquí por designio. Debe tener la certeza de que fue creado para un gran propósito. Cuando él descubre ese propósito, y somete su vida a él, convirtiéndose en para lo que fue creado, encontrará satisfacción. Esto solo puede contribuir también a *tu* felicidad.

Si he aprendido algo en más de dos décadas de casada, es que la esposa no puede poner presión sobre su esposo para que *sea* alguien, pero sí puede orar para que él se convierta en esa persona, y sea moldeado de acuerdo al plan de Dios y no al de otra persona. Entonces, el resultado será determinado por si él escucha el llamado de Dios en su vida o no. Porque "Dios nos salvó y nos llamó a una vida santa, no por nuestras propias obras, sino por su propia determinación y gracia. Nos concedió este favor en Cristo Jesús antes del comienzo del tiempo" (2 Timoteo 1:9). Tu esposo "fue predestinado según el plan de aquel que hace todas las cosas conforme al designio de su voluntad" (Efesios 1:11). Pero tú aún necesitas orar para que él escuche el llamado de Dios, para que lo que él es y lo que haga esté alineado con el propósito de Dios para su vida.

Siempre puedes saber cuándo un hombre no está viviendo de acuerdo al propósito para el cual Dios lo creó. Tú sientes su inquietud. Tienes la sensación de que algo no está bien del todo, incluso aunque no puedas intervenir en el asunto. Cuando estás al lado de un hombre que está cumpliendo su llamado y haciendo aquello para lo que fue creado, tú estás consciente de su dirección interna, confianza y gran seguridad. ¿Cómo te sientes acerca de lo que tu esposo está haciendo en su vida? ¿Sientes falta de paz porque él está en un camino que no le satisface, que le golpea, y no lo lleva a ninguna parte? Si es así, entonces ora: "Señor, saca a mi esposo de este lugar, revélale lo que tú le has llamado a hacer, y abre las puertas de lo que se supone que él esté haciendo".

Orar de esa manera no significa que tu esposo será sacado de lo que está haciendo y lanzado a otro lugar. Puede suceder de esa manera, pero a menudo lo que ocurre es un cambio en la perspectiva del hombre. Yo tengo un amigo llamado David, que ha trabajado por años en una fábrica haciendo aviones. Cuando él escuchó el llamado de Dios en su vida, sabía que iba a ayudar a adolescentes con problemas, de familias de bajos recursos. También sabía que no debía dejar su trabajo. Como resultado, su trabajo le proveía suficiente dinero para sostener a su familia y le ofrecía el tipo de horario que él necesitaba para poder llevar a cabo lo que tenía que hacer. Él ha organizado distribución de alimentos a familias necesitadas, conciertos gratis para jóvenes menos privilegiados, alcance cristiano para los no salvos, y conversaciones de paz entre pandillas rivales. Él ha hecho tanto para traer restauración a su dividida ciudad como cualquier hombre lo hubiera podido hacer. Su trabajo no es de ninguna manera fácil, pero llena de satisfacción. Y él tiene un sentido de propósito inconfundible cuando te acercas a él. Físicamente, no es un hombre grande, pero es un gigante espiritual y tú lo sabes cuando estás en su presencia.

Su esposa Priscilla, también oyó el llamado de Dios en su vida y le apoya de toda manera posible.

No importa lo que Dios ha llamado a tu esposo a ser o hacer, Él también te ha llamado a ti a apoyarlo y ser parte de ello; al menos orando, animando y ayudando en la forma que sea posible. Para algunas mujeres eso significa edificar un buen hogar, criar los hijos, estar allí para él, y ofrecer oraciones de apoyo. Otras mujeres quizás tomen un papel activo convirtiéndose en la compañera o ayudante. En cualquier caso, Dios no te pide que renuncies a tu propia personalidad en el proceso. Dios te ha llamado a *ti* también a hacer algo. Pero va a encajar con lo que es el llamado de tu esposo, no será algo conflictivo. Dios no es el autor de la confusión, la contienda, o las situaciones difíciles. Él es un Dios de un tiempo perfecto. Hay un tiempo para todo, nos dice la Biblia. El tiempo de hacer lo que Dios ha llamado a *cada* uno de ustedes a hacer, obrará de forma perfecta, si está sometido a Dios.

Si tu esposo ya está caminando en el propósito para el cual Dios lo ha llamado, puedes contar con que el enemigo de su alma vendrá a arrojar dudas, en especial si él no ha visto aún nada cercano a la visión final o el éxito que desea. Tus oraciones pueden ayudar a disipar el desánimo y evitar que se apodere de él. Puedes ayudarlo a escuchar y asirse a la revelación de Dios. Esto puede causar que él viva su vida con propósito.

Oración

Señor, oro que (<u>nombre del esposo</u>) escuche con claridad tu llamado en su vida. Ayúdale a comprender quién él es en Cristo y dale certeza de que fue creado para un gran propósito. Que le sean iluminados los ojos del corazón para que sepa a qué esperanza Él lo ha llamado (Efesios 1:18).

Señor, cuando tú nos llamaste, también nos capacitaste. Capacítalo a él para caminar digno de su llamado y ser el hombre de Dios para lo que tú lo creaste. Continúa recordándole para qué lo has llamado y no dejes que se desvíe con las cosas que no son esenciales para tu propósito. Quítale el desaliento para que no se rinda. Levanta sus ojos de las circunstancias del momento para que él pueda ver el propósito que tú lo creaste. Dale paciencia para esperar por tu tiempo perfecto. Oro que los deseos de su corazón no estén en conflicto con tus deseos. Que él pueda buscar tu dirección, y escuchar cuando le hables a su alma.

HERRAMIENTAS DE PODER

En realidad, preferiría que todos fueran como yo. No obstante, cada uno tiene de Dios su propio don: éste posee uno; aquél, otro.

1 Corintios 7:7

En cualquier caso, cada uno debe vivir conforme a la condición que el Señor le asignó y a la cual Dios lo ha llamado.

1 Corintios 7:17

Su propósito

Por eso oramos constantemente por ustedes, para que nuestro Dios los considere dignos del llamamiento que les ha hecho, y por su poder perfeccione toda disposición al bien y toda obra que realicen por la fe.

2 Tesalonicenses 1:11

Pido que el Dios de nuestro Señor Jesucristo, el Padre glorioso, les dé el Espíritu de sabiduría y de revelación, para que lo conozcan mejor. Pido también que les sean iluminados los ojos del corazón para que sepan a qué esperanza él los ha llamado, cuál es la riqueza de su gloriosa herencia entre los santos, y cuán incomparable es la grandeza de su poder a favor de los que creemos. Ese poder es la fuerza grandiosa y eficaz.

Efesios 1:17-19

Que te conceda lo que tu corazón desea; que haga que se cumplan todos tus planes.

Salmo 20:4

Capítulo Diez

Sus decisiones

Surgió un negocio en el cual mi esposo se involucró y no me lo mencionó hasta que ya estaba en camino. Desde el momento que supe del mismo no me sentí bien al respecto. Pensé que la idea era genial y su visión para esto era excelente, pero no podía pasar por alto la falta de paz que sentía al respecto. De hecho, mientras más oraba, más fuerte la sentía. Cuando se lo mencioné, me respondió a la defensiva: —Tú no confías en que yo haga la decisión correcta.

Él dijo por lo claro que esto era algo que deseaba y no estaba dispuesto a escuchar ninguna oposición.

La única salida que yo tenía era orar, cosa que hice. Una y otra vez le dije a Dios: "Muéstrame si estoy equivocada. Me encantaría que funcionara porque es una gran idea. Pero si lo que estoy sintiendo es correcto, revélaselo a él a tiempo para detener el proceso. Muéstrale la verdad y cierra la puerta".

Al último momento, justo antes que firmaran los contratos, los ojos de Michael de pronto se abrieron a una serie de incidentes los cuales ponían en duda las verdaderas intenciones de las otras partes involucradas. La revelación de Dios lo puso en descubierto y se canceló todo el negocio. Con lo difícil que le fue aceptar en ese momento que estaba equivocado, él está agradecido de haberse librado de tanto pesar.

Un tiempo después, mientras escribía este libro, le pregunté a mi esposo qué ha significado para él que yo ore por él. Una de las cosas que mencionó fue que le ayudaba a tomar buenas decisiones.

—Cuando se han presentado decisiones importantes y me han ofrecido ciertas cosas, tus oraciones abrieron mis ojos y evitaron que yo firmara un contrato que hubiera sido malo —me explicó.

Nosotros tenemos que recordar que todos los hombres piensan que ellos están haciendo lo correcto. "A cada uno le parece correcto su proceder, pero el Señor juzga los corazones" (Proverbios 21:2). Sin embargo, Dios es el único que puede dar un verdadero discernimiento. Él puede darnos sabiduría cuando la pedimos. La sabiduría trae éxito (Eclesiastés 10:10), y nos capacita para aprender de las experiencias (Proverbios 15:31). Nosotros deseamos que nuestros esposos sean hombres sabios.

Lo opuesto de un hombre sabio es uno necio. La Biblia describe al necio como alguien que solo "confía en sí mismo" (Proverbios 28:26). Él aborrece la sabiduría (Proverbios 23:9). Él solo desea hablar y no escuchar (Proverbios 18:2). En otras palabras, no le puedes decir nada. Él es de pleito (Proverbios 20:3), y él se pasa de confiado y es arrogante cuando tratas de razonar con él (Proverbios 14:16). El necio es alguien que es incapaz de sopesar las consecuencias de sus acciones. Como resultado, él no toma decisiones sabias. Si tú tienes un esposo así, ora por él para que tenga sabiduría.

Si tu esposo no es un necio "a tiempo completo", por así decirlo, pero en ocasiones se comporta neciamente, no trates de arreglarlo. Dios es el único que puede hacerlo. Tu trabajo es amarlo y orar por él. La Biblia dice: "El comienzo de la sabiduría es el temor del Señor; conocer al Santo es tener discernimiento" (Proverbio 9:10). Esto quiere decir que comienzas a orar por el temor del Señor para que lo atrape. Luego ora para que él tenga consejos sabios: "Dichoso el hombre que no sigue el consejo de los malvados" (Salmo 1:1). Si tú continúas orando por tu esposo para que tenga sabiduría y un consejo santo, entonces aunque él tome una decisión mala, puedes disfrutar del consuelo de saber que hiciste tu parte y Dios hará que salga bien de todo eso. Mucho en nuestras vidas es afectado por las decisiones que hacen nuestros esposos. Nosotros somos sabias si oramos para que ellos tomen decisiones sabias.

Oración

Señor, llena a mi esposo con el temor del Señor y dale sabiduría para cada decisión que tome. Que tenga reverencia por ti y tus caminos, y que busque conocer tu verdad. Dale discernimiento para tomar decisiones basadas en tu revelación. Ayúdale a hacer decisiones santas y apártalo de hacer algo necio. Saca la necedad de su corazón y capacítalo para que reconozca con rapidez el error y lo evite. Abre sus ojos para que vea con claridad y anticipación las consecuencias de cualquier comportamiento.

Oro para que él pueda escuchar el consejo santo y no sea un hombre que no aprende. Dale fuerza para rechazar el consejo del malvado y escuchar tu consejo sobre todos los demás. Declaro que "el corazón humano genera muchos proyectos, pero al final prevalecen los designios de Dios" (Proverbios 19:21). Instrúyelo incluso cuando esté durmiendo (Salmo 16:7), y en la mañana, oro que él haga lo correcto en lugar de seguir su inclinación carnal. Yo conozco la sabiduría de este mundo que es necedad ante ti, Señor (1 Corintios 3:19). Que él no se deje influir por ella, sino que mantenga sus ojos en ti y tenga oídos para escuchar tu voz.

HERRAMIENTAS DE PODER

Escuche esto el sabio, y aumente su saber; reciba dirección el entendido.

Proverbios 1:5

No seas sabio en tu propia opinión; más bien, teme al Señor y huye del mal.

Proverbios 3:7

El temor del Señor es el principio del conocimiento; los necios desprecian la sabiduría y la disciplina.

Proverbios 1:7

Entonces me llamarán, pero no les responderé; me buscarán, pero no me encontrarán. Por cuanto aborrecieron el conocimiento y no quisieron temer al Señor; por cuanto no siguieron mis consejos, sino que rechazaron mis represiones.

Proverbios 1:28-30

Quien se aparta de la senda del discernimiento irá a parar entre los muertos.

Proverbios 21:16

Capítulo Once

Su salud

*D*urante años a mi esposo no le interesaba hacer ejercicio. Yo le daba reprimendas y charlas significativas, le dejaba artículos de revista en su camino, y le rogaba y me lamentaba que yo no deseaba ser viuda, pero todo le entraba por un oído y le salía por el otro. Entonces, un día tuve la brillante idea de que si las oraciones trabajaban para otras partes de su vida, podrían trabajar para esto también. Decidí emplear mi método de "cállate y ora", y pedirle a Dios que le diera el deseo y la motivación de hacer ejercicios con regularidad. Oré por varios meses sin ningún resultado, pero una mañana escuché un ruido poco familiar que provenía de otra habitación. Seguí de donde venía el ruido y para mi sorpresa, era mi esposo en el andador eléctrico. Yo no dije ni una palabra. Él ha estado usando el andador eléctrico y levantando pesas alrededor de tres veces por semana desde entonces. Cuando más tarde dijo lo bien que se estaba sintiendo últimamente y que lamentaba no haber comenzado a hacerlo antes, yo puse en práctica un control admirable y ni siquiera dejé que las palabras "te lo dije" se formaran en mi boca. Hasta este día él no sabe que yo oré.

La salud de tu esposo no es algo que se toma a la ligera, no importa cuál sea su edad o condición. Ora por él para que aprenda a cuidar de forma apropiada de sí mismo, y si se enferma, ora para que él sea sano. He visto muchísimas respuestas a oraciones de sanidad en mi vida y en la vida de otras personas para dudar que el

Dios que sanaba en la Biblia es el mismo ayer, hoy y mañana. Yo creo que cuando Dios dice, "Yo soy el Señor que te sana", Él habla en serio (Éxodo 15:26). Yo tengo la misma fe de Jeremías que oró, "Sáname Señor, y seré sanado" (Jeremías 17:14). Yo confío en su Palabra cuando promete "Yo te restauraré y sanaré tus heridas" (Jeremías 30:17).

Jesús "tomó nuestras enfermedades y llevó nuestras dolencias" (Mateo 8:17). Él le dio a sus discípulos el poder de "sanar toda enfermedad y toda dolencia" (Mateo 10:1). Él dijo: "Estas señales acompañarán a los que crean ... pondrán las manos sobre los enfermos, y éstos recobrarán la salud" (Marcos 16:17,18). Me parece que Dios está interesado en sanar y él no puso tiempo límite para esto; tan solo límite de fe (Mateo 9:22).

Mi esposo me dijo que mis oraciones por su sanidad tuvieron el mayor impacto en él a mediados de los años ochenta cuando él descubrió varios tumores en su cuerpo y el médico pensó que podían ser cancerosos. Un segundo médico también sospechó que era cáncer, así que hicieron una biopsia. Durante esos días de espera por los resultados, Michael tuvo la tentación de preocuparse. Él dice que mis oraciones por su buena salud y paz, lo sostuvieron hasta que se supo que no era cáncer. Le removieron los tumores y desde entonces no ha tenido problema.

Sin embargo, recuerdo que aunque oramos y tuvimos fe, él resultado y el tiempo fueron decisiones de Dios. Él dice que hay "un tiempo para sanar" (Eclesiastés 3:3). Si tú oras por sanidad y nada sucede, no te atormentes con eso. Dios en ocasiones usa la enfermedad física de un hombre para llamar su atención y Él poder hablarle. Sigue orando, pero confía que la decisión de Dios es el resultado.

Lo mismo sucede cuando oramos para que Dios salve a una persona. Nosotros no tenemos la palabra final sobre la hora de la muerte de alguien. La Biblia dice que hay "tiempo para morir" (Eclesiastés 3:2), y nosotros no decidimos eso, Dios es quien lo hace. Nosotros debemos aceptarlo y podemos orar, pero Él determina el resultado. Tenemos que darle a Él ese privilegio sin resentimientos, faltas o enojándonos con Él. Ora por la salud de tu esposo, pero déjala en las manos de Dios.

Oración

Señor, yo oro por tu toque sanador en (nombre del esposo). Haz que cada parte de su cuerpo funcione de la manera que tú la diseñaste. Dondequiera que haya algo fuera de balance, hazlo que funcione en perfecto orden. Sánalo de cualquier enfermedad, dolencia, lesión, mal o debilidad. Fortalece su cuerpo para que soporte bien su trabajo, y cuando él duerma que pueda despertar descansado por completo, rejuvenecido y reanimado. Dale un corazón fuerte que no falle. Yo no deseo que él tenga problemas del corazón en ningún momento.

Oro para que tenga deseo de cuidar su cuerpo, comer alimentos saludables, hacer ejercicio con regularidad, y evitar cualquier cosa que sea dañina para él. Ayúdalo a comprender que su cuerpo es tu templo y que él debe cuidarlo como tal (1 Corintios 3:16). Oro para que él lo presente como sacrificio vivo, santo y agradable a ti (Romanos 12:1).

Te ruego que cuando esté enfermo lo sostengas y lo sanes. Llénalo de tu gozo para que se fortalezca. Oro en especial por (menciona cualquier cosa que te preocupe). Dale fe para que diga: "Señor, mi Dios, te pedí ayuda y me sanaste" (Salmo 30:2). Gracias, Señor, que tú eres mi sanador. Oro para que mi esposo viva una larga y saludable vida y cuando venga la muerte, que sea acompañada de paz y no de doloroso sufrimiento y agonía. Gracias, Señor, que tú estarás allí para recibirlo en tu presencia, y no un momento antes de la hora que tú tengas señalada.

HERRAMIENTAS DE PODER

Alaba, alma mía, al Señor, y no olvides ninguno de sus beneficios. Él perdona todos tus pecados y sana todas tus dolencias.

Salmo 103:2,3

En su angustia clamaron al Señor, y él los salvó de su aflicción. Envió su palabra para sanarlos, y así los rescató del sepulcro.

Salmo 107:19,20

He escuchado tu oración y he visto tus lágrimas. Voy a sanarte.

2 Reyes 20:5

Tu luz despuntará como la aurora, y al instante llegará tu sanidad; tu justicia te abrirá el camino, y la gloria del Señor te seguirá.

Isaías 58:8

Les daré salud y los curaré; los sanaré y haré que disfruten de abundante paz y seguridad.

Jeremías 33:6

Capítulo Doce

Su protección

¿Cuántas veces hemos escuchado historias sobre hombres que estaban en el campo de batalla y en el preciso momento cuando ellos se encontraban en el peligro mayor, experimentaron una liberación milagrosa; para luego saber que alguien en casa estaba orando en ese preciso momento? Nuestros esposos están en el campo de batalla cada día. Hay peligros dondequiera. Solo Dios conoce qué trampas el enemigo ha puesto para traer accidentes, enfermedades, males, violencia y destrucción a nuestras vidas. Pocos lugares están a salvo por completo, incluyendo tu propio hogar. Pero Dios ha dicho que aunque "los malvados acechan a los justos con la intención de matarlos, el Señor no los dejará caer en sus manos ni permitirá que los condenen en el juicio" (Salmo 37:32,33). Él promete que será "escudo a aquellos que en él confían" (Proverbios 30:5). Él incluso puede ser protección para alguien por el que estamos orando por causa de *nuestra* fe.

Yo siempre he orado por protección para mi esposo e hijos mientras viajan en autos. Pero una mañana recibí una llamada de Michael poco tiempo después de salir de la casa para llevar a nuestro hijo al colegio.

—Acabamos de tener un accidente —me dijo—, pero Christopher y yo estamos bien.

Me dirigí de inmediato hacia donde ellos estaban, dándole gracias a Dios por todo el camino por protegerlos justo como yo lo había orado durante años. Cuando llegué y vi la condición del auto, perdí la calma. El pequeño auto deportivo de Michael, el cual a mi nunca me gustó que condujera, había sido envestido por otro auto mucho más grande y empujado hacia una barrera de concreto al costado de la carretera. El pequeño auto sufrió tanto daño, que después fue considerado pérdida total por la compañía de seguro. La única forma de explicar por qué ninguno de ellos sufrió daño tiene que ser por la mano protectora de Dios. Sufrieron golpes en el pecho y los hombros por los cinturones de seguridad, pero pudieron haber sufrido lesiones mucho más serias o incluso morir. Creo con firmeza que el Señor respondió mis oraciones de protección a mi familia. (Aún estoy esperando que Él responda a mi oración para que mi esposo no compre más autos deportivos.)

Mi grupo de oración y yo oramos con regularidad por nuestros esposos para que estén a salvo en aviones, autos, el lugar de trabajo, o cuando caminan por la calle. Nosotros ni siquiera pensamos en todos los peligros específicos, solo le pedimos al Señor que los proteja del mal. Dios promete "ordenar que sus ángeles te cuiden en todos tus caminos. Con sus propias manos te levantarán para que no tropieces con piedra alguna" (Salmo 91;11,12). Pero los accidentes suceden, incluso a personas santas, y cuando esto ocurre, es de improviso y sin esperarlo. Por eso es necesario orar con frecuencia y continuamente por protección para tu esposo. Tú nunca sabes cuándo puede ser necesaria en el campo de batalla. Y si algo sucede, tendrás el consuelo de saber que has invitado a la presencia y el poder de Dios en medio del asunto.

Oración

Señor, oro para que protejas a (nombre del esposo) de cualquier accidente, enfermedad, peligro o mala influencia. Mantenlo a salvo, en especial en autos y aviones. Protégelo de la violencia y de los planes de personas malvadas. Dondequiera que él ande, asegura sus pasos. Mantenlo en tu camino para que sus pies no resbalen (Salmo 17:5). Si su pie resbala, sostenlo con tu misericordia (Salmo 94:18). Dale la sabiduría y discreción que le ayudarán a caminar seguro y a no caer en ningún peligro (Proverbios 3:21-23). Sé su lugar seguro, fuerza, escudo y fortaleza (Salmo 18:2,3). Haz que habite bajo la sombra de tus alas (Salmo 91:1-2). Sé su roca, salvación y defensa, para que él no sea movido ni sacudido (Salmo 62:6). Oro para que aunque cosas malas pueden estar sucediendo alrededor de él, éstas no vendrán cerca de él (Salmo 91:7). Sálvalo de cualquier plan del enemigo que busca destruir su vida (Salmo 103:4). Cuida su entrar y su salir desde este momento en adelante y para siempre (Salmo 121:8).

HERRAMIENTAS DE PODER

El que habita al abrigo del Altísimo se acoge a la sombra del Todopoderoso. Yo le digo al Señor: "Tú eres mi refugio, mi fortaleza, el Dios en quien confío."

Salmo 91:1-2

Porque en el día de la aflicción él me resguardará en su morada; al amparo de su tabernáculo me protegerá, y me pondrá en alto, sobre una roca.

Salmo 27:5

Aun si voy por valles tenebrosos, no temo peligro alguno porque tu estás a mi lado; tu vara de pastor me reconforta.

Salmo 23:4

El Señor es mi roca, mi amparo, mi libertador; es mi Dios, el peñasco en que me refugio. Es mi escudo, el poder que me salva, ¡mi más alto escondite! Invoco al Señor, que es digno de alabanza, y quedo a salvo de mis enemigos.

Salmo 18:2,3

Tú, que salvas con tu diestra a los que buscan escapar de sus adversarios, dame una muestra de tu gran amor. Cuídame como a la niña de tus ojos; escóndeme, bajo la sombra de tus alas.

Salmo 17:7,8

Capítulo Trece

Sus pruebas

Toda persona pasa por momentos difíciles. No es nada para avergonzarse. En algunas ocasiones nuestras oraciones nos ayudan a evitarlos en otras no sucede así. Es la actitud que tenemos cuando estamos pasando por esos momentos, lo que resulta más importante. Si estamos llenos de enojo y amargura o insistimos en quejarnos y culpar a Dios, las cosas tienden a salir mal, pero si los pasamos con acción de gracias y alabanza a Dios, Él promete traer cosas buenas a pesar de la situación. Él dice: "considérense muy dichosos cuando tengan que enfrentarse con diversas pruebas, pues ya saben que la prueba de su fe produce constancia" (Santiago 1:2,3).

Las oraciones de una esposa por su esposo durante este tiempo, quizás no cambien algunas de las cosas por las que él tiene que pasar. Después de todo, si nunca sufrimos nada, ¿qué tipo de persona superficial, sin compasión e impaciente seríamos? Pero la oración puede ayudarlo a mantener una actitud positiva y de gratitud, esperanza, paciencia, y paz en medio del problema y le evita ser sancionado por una mala reacción.

Mi amiga Jan, vio a su esposo Dave, cerca de la muerte como resultado de haber sido picado por una araña venenosa. Fue un momento de gran terror para ambos, la prueba duró más de un año mientras él luchaba por sobrepasar cada nuevo problema físico que se presentaba como resultado de la picada. Además, ellos se acababan de mudar a un estado nuevo, lejos de familiares, amigos, e iglesia, y tuvieron problemas financieros debido a las enormes cuentas médicas. Había motivo suficiente para estar enojado y amargado, pero ellos nunca dejaron de orar, alabar a Dios y mirarlo a Él como su recurso.

A través de innumerables lágrimas y temores, Jan oraba con fervor para que Dave no se desanimara en la batalla, sino que pudiera estar en pie en medio de ella. Dios les sostuvo, él se recuperó, y ellos se han convertido en dos de las personas más ricas en el Señor que uno pudiera conocer. No es solo eso, sino que sus tres hijos son todos creyentes fuertes que usan sus enormes talentos para glorificar a Dios. Ahora, Dave es un pastor de música donde él y Jan tienen un ministerio grande y de éxito. Sus vidas son un testimonio de la bondad del Señor, y creo que la forma en que ellos pasaron esta prueba tiene mucho que ver con dónde se encuentran hoy día.

Nos sintamos así o no, cuando servimos a Dios, su amor atiende cada momento de nuestras vidas, incluso los más difíciles, solitarios, dolorosos y desesperantes. Él siempre está allí en medio nuestro, haciendo cosas para nuestro bien, cuando nosotros oramos y esperamos que Él lo haga. "Sabemos que Dios dispone todas las cosas para el bien de quienes lo aman, los que han sido llamados de acuerdo con su propósito" (Romanos 8:28). Sus propósitos con nuestras pruebas son a menudo traernos humildemente delante de Él y experimentar quebrantamiento en nuestro interior, nuestra independencia y autosuficiencia, y hacernos crecer en compasión, paciencia, fuerza espiritual, que seamos personas que glorifiquen a Dios. Él usa estas situaciones para enseñarnos a confiar en que Él nos ama y cuida lo suficiente como para ayudarnos a pasar los momentos difíciles.

No puedo pensar en cualquier prueba que mi esposo y yo hayamos pasado que no nos haya hecho crecer de forma más profunda en las cosas de Dios, aunque fuera algo horrible soportarlo en ocasiones y nosotros tuviéramos poca aprecio en cuanto a dónde nos dirigíamos. Pero a medida que orábamos en medio de cada momento difícil, encontramos que nuestra fe crecía y nuestro andar con Dios se profundizaba. Y cuando nuestras actitudes fueron correctas, también lo fue el amor que sentíamos el uno por el otro.

Si tu esposo está pasando por un tiempo difícil, mantenlo en oración, pero no lleves la carga. Aunque puede que tú desees hacerlo, no trates de llevar su carga y hacerla tuya. Eso al final lo dejará sintiéndose débil o como un fracaso.

Además, Dios no desea que tú hagas *Su* trabajo ni que trates de ser el Espíritu Santo para tu esposo. Aunque te duela verlo luchar y desees arreglar la situación, no puedes hacerlo. Ora, anímalo y apóyalo, pero Dios usa las pruebas para Su propósito y tú tienes que salirte del camino.

Si tu esposo se siente agobiado por el peso de cosas como tensión financiera, enfermedad, incapacidad, pérdida de trabajo, problemas con los hijos, contiendas maritales, catástrofes, desastres en el hogar o relaciones tensas, invita al Espíritu Santo a mudarse a estas circunstancias y transformarlas. Recuerda a tu esposo la verdadera imagen: nuestro sufrimiento lucirá como nada comparado con la gloria que Dios obrará en nosotros, si tenemos la reacción correcta en medio de la lucha. "De hecho, considero que en nada se comparan los sufrimientos actuales con la gloria que habrá de revelarse en nosotros" (Romanos 8:18). Anímalo a decir: "Todo lo puedo en Cristo que me fortalece" (Filipenses 4:13).

Ora para que tu esposo ansíe acercarse más a Dios hasta que él sepa que nada lo puede separar de su amor, ni lo que él está pasando ahora, y tampoco lo que pueda suceder en el futuro. "Pues estoy convencido de que ni la muerte ni la vida, ni los ángeles ni los demonios, ni lo presente ni lo por venir, ni los poderes, ni lo alto ni lo profundo, ni cosa alguna en toda la creación, podrá apartarnos del amor que Dios nos ha manifestado en Cristo Jesús nuestro Señor" (Romano 8:38,39). Si nada lo puede separar a él del amor de Dios, entonces no importa lo mal que se ponga el asunto, él siempre tendrá esperanza.

Las pruebas pueden ser fuego que purifica y agua que limpia. Tú no deseas que tu esposo se queme o se ahogue sino que sea refinado y renovado. Dios ha prometido que "en todo esto somos más que vencedores por medio de aquel que nos amó" (Romanos 8:37). "Pero el que se mantenga firme hasta el fin será salvo" (Mateo 24:13). La determinación de tu esposo de mantenerse firme en la fe y el esperar que Dios conteste sus oraciones es lo que le salvarán del calor y lo mantendrán a flote.

Oración

Señor, solo tú conoces la profundidad de la carga que mi esposo lleva. Puede que yo comprenda los detalles, pero tú conoces el peso que hay sobre sus hombros. No he venido a minimizar lo que estás haciendo en su vida, porque sé que tú obras grandes cosas en medio de las pruebas. Ni tampoco estoy tratando de protegerlo de lo que él tiene que hacerle frente. Solo deseo apoyarlo para que pase a través de su batalla como ganador.

Dios, tú eres nuestro amparo y nuestra fortaleza, nuestra ayuda segura en momentos de angustia (Salmo 46:1). Tú nos has invitado a "que nos acerquemos confiadamente al trono de la gracia para recibir misericordia y hallar la gracia que nos ayude en el momento que más la necesitemos" (Hebreos 4:16). Me presento delante de tu trono y pido la gracia para mi esposo. Fortalece su corazón para esta batalla y dale paciencia para esperar en ti (Salmo 27:1-4). Fortalécelo para que, no importa lo que suceda, él pueda mantenerse firme y fuerte. Ayúdalo a que siempre se "alegre en la esperanza, muestre paciencia en el sufrimiento, persevere en la oración" (Romanos 12:12).

Dale perseverancia para correr la carrera y no darse por vencido, porque tú has dicho que "siete veces podrá caer el justo, pero otras tantas se levantará" (Proverbios 24:16). Ayúdalo a recordar que "el Señor afirma los pasos del hombre cuando le agrada su modo de vivir; podrá tropezar, pero no caerá porque el Señor lo sostiene de la mano" (Salmo 37:23,24).

Oro que él te busque para que "a las sombra de tus alas se refugie hasta que haya pasado el peligro" (Salmo 57:1). Que él pueda aprender a esperar en ti porque "los que confían en el Señor renovarán sus fuerzas; volarán como las águilas; correrán y nos se fatigarán, caminarán y no se cansarán" (Isaías 40:31). Oro para que él pueda encontrar su fuerza en ti y mientras él clama a ti, tú le escuches y lo libres de todo sus angustias (Salmo 34:6).

HERRAMIENTAS DE PODER

Esto es para ustedes motivo de gran alegría, a pesar de que hasta ahora han tenido que sufrir diversas pruebas por un tiempo. El oro, aunque perecedero, se acrisola al fuego. Así también la fe de ustedes, que vale mucho más que el oro, al ser acrisolada por las pruebas demostrará que es digna de aprobación, gloria y honor cuando Jesucristo se revele.

1 Pedro 1:6,7

Encomienda al Señor tus afanes, y él te sostendrá; no permitirá que el justo caiga y quede abatido para siempre.

Salmo 55:22

Pero yo clamaré a Dios, y el Señor me salvará. Mañana, tarde y noche clamo angustiado, y él me escucha.
Aunque son muchos los que me combaten, él me res-
cata, me salva la vida en la batalla que se libra contra
mí.

Salmo 55:16-18

Me has hecho pasar por muchos infortunios, pero volverás a darme vida; de las profundidades de la tierra
volverás a levantarme. Acrecentarás mi honor y volverás a consolarme.

Salmo 71:20,21

Capítulo Catorce

Su Integridad

*I*ntegridad no es lo que tú *aparentas* ser cuando todo el mundo te está mirando. Es quien tú *eres* cuando nadie te está mirando. Es un nivel de moralidad por debajo del cual tú nunca caes, no importa lo que esté sucediendo alrededor de ti. Es un alto nivel de honestidad, verdad, decencia, y honor que nunca se quiebra. Es tratar a los demás de la forma que te gustaría que te trataran a ti.

Un hombre de integridad cuando dice algo es sincero. Él no usa juegos de palabras de manera que nunca sabes dónde está parado. Él deja saber que su "sí" es "sí" y su "no" es "no". "Cualquier cosa de más proviene del maligno" (Mateo 5:37). Él no va a jugar en los dos bandos para complacer a todo el mundo. Su meta es agradar a Dios y hacer lo que es correcto. Un hombre puede ser estimado grandemente entre los amigos, pero ser una abominación para Dios (Lucas 16:15).

Un hombre de integridad "cumple lo prometido aunque salga perjudicado" (Salmo 15:4). Él mantendrá su palabra aunque el hacerlo le cueste. Cuando es puesto en una situación comprometedora, continuará manteniéndose firme en lo que él cree. Sobre todo, es un hombre de verdad; tú puedes depender de su sólida honestidad. Un hombre "que se conduce con integridad, anda seguro" (Proverbios 10:9), porque su integridad lo guía y lo lleva a la presencia de Dios (Salmo 41:12).

Mi esposo es un hombre de integridad que ha tenido que tomar una postura en varias ocasiones en contra de cosas que él creía que estaban mal. A menudo, le costó mucho. Yo siempre he orado por él para que hiciera lo correcto, pero no porque él no lo hubiera hecho sin mí. De cierto lo hubiera hecho; sin embargo, mis oraciones lo apoyaron a medida que encaraba la oposición y le ayudaron a mantenerse firme durante ese tiempo. La Biblia dice: "justo es quien lleva una vida sin tacha; ¡dichosos los hijos que sigan su ejemplo!" (Proverbios 20:7). Ya sea que mis hijos lo reconozcan por completo o no, ellos heredarán del padre principios de alta integridad moral. Hay bendiciones que ellos disfrutarán a causa de la clase de hombre que él es. Oro para que ellos pasen lo mismo a sus hijos.

La integridad sucede en el corazón. Por lo tanto, ser un hombre de integridad es algo que tu esposo tiene que *escoger* hacer por sí mismo. Pero tú puedes ayudarlo en oración a luchar contra el enemigo que busca tenderle una trampa, cegarlo, y evitar que él tome esa decisión. Aun cuando él tome la decisión correcta, habrá una reacción negativa a ésta en el ámbito del mal. Tus oraciones pueden ayudar a protegerlo de cualquier cosa que le provoque duda o incertidumbre y darle fuerza para hacer lo correcto, incluso cuando nadie está mirando.

Oración

Señor, oro para que tú hagas de mi esposo un hombre íntegro de acuerdo a tus valores. Dale fuerza para decir "sí" cuando deba decir "sí", y valentía para decir "no" cuando deba decir "no". Capacítalo para que esté firme en lo que él sabe que está correcto y que no titubee bajo la presión del mundo. No dejes que él sea un hombre que "siempre está aprendiendo, pero nunca logra conocer la verdad" (2 Timoteo 3:7). Concédele un espíritu que acepta corrección y que está dispuesto a escuchar la voz de la sabiduría y crecer en tus caminos.

Hazlo un hombre que vive por la verdad. Ayúdalo a caminar con tu Espíritu de verdad en todo tiempo (Juan 16:13). Sé con él para que le des testimonio de la verdad para que en tiempos de presión él pueda actuar de acuerdo a ella con confianza (1 Juan 1:8,9). Donde ha errado en esto y otras cosas, dale un corazón que sea rápido a confesar su equivocación. Porque tú has dicho en tu Palabra: "si afirmamos que no tenemos pecado, nos engañamos a nosotros mismos y no tenemos la verdad. Si confesamos nuestros pecados, Dios que es fiel y justo, nos los perdonará y nos limpiará de toda maldad" (1 Juan 1:8,9). No dejes que él sea engañado. No permitas que él viva una mentira de ninguna forma. Ata el amor y la verdad alrededor de su cuello y escríbelo en el libro de su corazón. Contará con el favor de Dios y tendrás buena fama entre la gente (Proverbios 3:3,4).

HERRAMIENTAS DE PODER

Más vale pobre pero honrado, que rico pero perverso.

Proverbios 28:6

A los justos los guía su integridad; a los falsos los destruye su hipocresía.

Proverbios 11:3

¡El Señor juzgará a los pueblos! Júzgame, Señor, conforme a mi justicia; págame conforme a mi inocencia.

Salmo 7:8

Hazme justicia, Señor, pues he llevado una vida intachable; ¡en el Señor confío sin titubear!

Salmo 26:1

Sean mi protección la integridad y la rectitud, porque en ti he puesto mi esperanza.

Salmo 25:21

Capítulo Quince

Su reputación

*U*na buena reputación es algo frágil, especialmente en estos días de medios de comunicación rápidos. Con solo estar en el lugar equivocado en el momento equivocado puede arruinar la vida de una persona.

La reputación no es algo que se debe tomar a la ligera. La buena fama vale más que muchas riquezas (Proverbios 22:1) y es mejor que el "buen perfume" (Eclesiastés 7:1). Es algo que se debe valorar y proteger. Una persona que no valora su reputación puede algún día desear credibilidad y no encontrarla. Nuestra reputación puede ser arruinada por cosas malas que hacemos, por las personas con las que nos asociamos, o por palabras disparatadas que se hablen acerca de nosotros. En los tres casos, hay maldad envuelta. Un caso desafortunado en los tribunales, un chisme significativo que se divulgue, una mala influencia, un artículo de periódico poco halagador, o quince minutos de notoriedad pueden destruir todo por lo que un hombre ha luchado toda su vida. La oración es nuestra única defensa.

Mi esposo ha estado muy preocupado por su reputación las veces en que sus palabras o las de otra persona fueron citadas equivocadamente en artículos de periódicos, diciendo algo que no era cierto. Debido a que sabemos lo dañinas que pueden ser estas cosas, siempre llamamos a las personas que pensamos serían las más afectadas cuando se nos ha citado de forma incorrecta, y le decimos cuál es la verdad. Por supuesto que no es posible que podamos comunicarnos con todo el mundo, así que oramos para que aquellos a quienes llamamos sean suficientes para terminar con el asunto. Como resultado, lo que pudo haber ardido como pólvora, se consumió en un par de días, aunque con facilidad podía tomar el rumbo contrario y consumirnos. Estoy segura que fue el poder de Dios, en respuesta a la oración, el que nos mantuvo protegidos.

Una mujer virtuosa, dice la Biblia, tiene un esposo que es respetado. Él es "respetado en la comunidad; ocupa un puesto entre las autoridades del lugar" (Proverbios 31:23). ¿Eso sucede solo? ¿El esposo de toda mujer virtuosa tiene su reputación garantizada? ¿O tiene ella algo que ver con esto? Es cierto que el hombre recibe cierto respeto por tener una buena esposa, pero yo creo que una de las buenas cosas que ella hace es orar por él y su reputación.

Orar por la reputación de tu esposo debiera ser un proceso continuo. Sin embargo, mantén en mente que él tiene libre albedrío. Si él no es sensible a la dirección del Espíritu Santo, puede que insista en ir por su propio camino e involucrarse en problemas. Si algo así sucede o ya ha sucedido para empañar su reputación, ora para que Dios saque de esta situación mala algo positivo. Él puede hacer también eso.

Oración

Señor, oro que (<u>nombre del esposo</u>) tenga una reputación que no se pueda empañar. Yo sé que el hombre es a menudo valorado "por lo que otros dicen de él" (Proverbios 27:21), así que te ruego que él sea respetado en nuestro pueblo y que las personas hablen bien de él. Tú has dicho en tu Palabra que "la maldición sin motivo jamás llega a su destino" (Proverbios 26:2). Oro para que nunca haya razón para que se digan cosa malas de él. Mantenlo fuera de enredos legales. Protégenos de demandas y procedimientos criminales. Líbralo de sus enemigos, Señor. Protégelo de aquellos que se levantan para hacerle daño (Salmo 59:1). Defiéndelo de los que lo atacan (Salmo 35:1). En ti, Señor, ponemos nuestra confianza. Que nunca nos avergoncemos (Salmo 71:1). Si tú eres por nosotros, ¿quién puede estar contra nosotros? (Romanos 8:31).

Tu Palabra dice que "un árbol bueno no puede dar fruto malo, y un árbol malo no puede dar fruto bueno. Todo árbol que no da buen fruto se corta y se arroja al fuego" (Mateo 7:18,19). Oro para que mi esposo produzca buenos frutos de la bondad que hay dentro de él, y que sea conocido por el bien que él hace. Que los frutos de honestidad, confiabilidad y humildad endulcen todos sus tratos para que su reputación nunca sea dañada.

Protege su vida del enemigo, escóndelo del consejo secreto del malvado. Sácalo de cualquier trampa que haya sido puesta para él (Salmo 31:4). Mantenlo a salvo de la malvada boca chismosa. Donde se haya hablado con mala intención de él, toca los labios de estas personas con tu fuego purificador. Deja que la responsabilidad de los involucrados sea revelada.

Permite que aquellos que buscan destruir su vida sean avergonzados y traídos a confusión; y los que le desean mal huyan en forma vergonzosa y sean llevados a deshonra (Salmo 40:14). Que él pueda confiar en ti y que no tema de lo que pueda hacerle el hombre (Salmo 56:11). Porque tú has dicho que cualquiera que crea en ti no será avergonzado (Romanos 10:11). Dirígelo, guíalo, y sé su castillo fuerte y lugar de refugio. Que su luz brille de tal manera delante de los hombres que les permita ver sus buenas obras y te glorifiquen, Señor (Mateo 5:16).

HERRAMIENTAS DE PODER

Escóndeme de esa pandilla de impíos, de esa caterva de malhechores. Afilan su lengua como espada y lanzan como flechas palabras ponzoñosas.

Salmo 64:2,3

Señor, no permitas que me avergüencen, porque a ti he clamado. Que sean avergonzados los malvados, y acallados en el sepulcro. Que sean silenciados sus labios mentirosos, porque hablan contra los justos con orgullo, desdén e insolencia.

Salmo 31:17,18

Dichosos serán ustedes cuando por mi causa la gente los insulte, los persiga y levante contra ustedes toda clase de calumnias. Alégrense y llénense de júbilo, porque les espera una gran recompensa en el cielo. Así también persiguieron a los profetas que los precedieron a ustedes.

Mateo 5:11,12

Su reputación

Lo que atestigües con tus ojos no lo lleves de inmediato al tribunal, pues ¿qué harás si a fin de cuentas tu prójimo te pone en vergüenza? Defiende tu causa contra tu prójimo, pero no traiciones la confianza de nadie, no sea que te avergüence el que te oiga y ya no puedas quitarte la infamia.

Proverbios 25:8-10

¿Quién acusará a los que Dios ha escogido? Dios es el que justifica. ¿Quién condenará? Cristo Jesús es el que murió, e incluso resucitó, y está a la derecha de Dios e intercede por nosotros.

Romanos 8:33,34

Capítulo Dieciséis

Sus prioridades

*L*os hombres tienen muchas ideas diferentes sobre cuáles deben ser sus prioridades. Pero cada esposa siente que ella debiera encabezar la lista de su esposo, justo debajo de Dios. He descubierto, sin embargo, que si la esposa desea que las prioridades de su esposo tengan ese orden, ella tiene que asegurarse de que las *suyas* también están en ese orden. En otras palabras, si deseas que tu esposo te ponga como prioridad, por encima de su trabajo, hijos, amigos y actividades, tú necesitas hacer lo mismo por él. Si Dios y el cónyuge no son, con claridad, la primera prioridad en *tu* vida, tu esposo tendrá menos incentivo para hacer lo mismo en la suya.

Yo conozco muy bien las luchas que hay para mantener el orden correcto de las prioridades, en especial si hay pequeños en el cuadro. Las necesidades de los hijos son inmediatas y urgentes y tú eres la persona que tiene que encargarse de ellas. Después de todo, un esposo es un adulto y esperamos que pueda cuidarse él mismo. Incluso si no hay niños, es posible que uno esté consumido por el trabajo, el hogar, los amigos, los proyectos e intereses y las actividades. Es difícil, en medio de todo lo que ocupa tu tiempo y atención, el no dejar que tu esposo baje de categoría en la lista, o al menos se sienta como que es así.

Afortunadamente, las prioridades no siempre tienen que ver con el tiempo total que se pasa con ellos, de otra forma cualquiera con un trabajo de cuarenta horas a la semana estaría poniendo a Dios en segundo lugar frente a su trabajo, a menos que él o ella estuviera orando ocho horas al día. Y no hay forma de que una esposa pueda dedicarle a su esposo el mismo tiempo que le dedica a los hijos, sin abandonar a los hijos. En cuanto a tu esposo se refiere, no se trata de cuánto tiempo tienes para él, sino que ese tiempo lo haga sentir que es una prioridad.

Si lo primero que haces en el día es saludarlo con una sonrisa y darle un abrazo, puede que lo haga sentir que es importante para ti. También lo es preguntarle: "¿Hay algo que pueda hacer por ti hoy?" (Y luego cuando él te diga, recuerda hacerlo.) También, déjale saber que estás orando por él y pregúntale por qué cosa específica desea que ores. Incluso el estar preguntándole periódicamente y mostrarte interesada por él, en medio de muchas otras cosas que estés haciendo, le asegura que él sigue siendo el primero en tu lista.

Las prioridades tienen que ver con la posición en el corazón. Planea un tiempo para ustedes dos solos, una cita, una noche o dos lejos, una cena a solas, tiempo en el hogar sin ningún niño o amigos, le comunica que él es una prioridad en tu corazón. Si deseas que tu esposo te ame a *ti* más, tú necesitas amarlo a *él* más. Siempre funciona, en especial si estás orando también por el asunto.

Si te sientes que no tienes el tiempo y la energía para poner en primer lugar a tu esposo, y hacer todo lo que se espera de ti, pídele a Dios un refrigerio en la llenura de su Santo Espíritu. Búscalo a Él primero y te ayudará a poner tus prioridades en orden. Si tu itinerario no te permite estar con Dios y acercarte a su fuerza, entonces vuelve a trabajar en tus prioridades y haz un nuevo itinerario. El viejo no está trabajando.

En el negocio en que está mi esposo, a menudo vemos a personas que experimentan éxito con rapidez. El problema con eso es que un espíritu de lujuria por *más* éxito, *más* poder, y *más* riqueza, por lo general les acompaña. Cuando estas personas no hacen un esfuerzo especial para mantener sus prioridades en orden, su orgullo les dirige, y son seducidos por esta tentación. Ellos resbalan a gran velocidad, abandonando a Dios, familia, iglesia y amigos en su furor. Cuando estas estrellas fugaces regresan a la tierra, el aterrizaje a menudo es duro. Nosotros no deseamos que eso le suceda, ni siquiera en pequeña escala, a nuestros esposos. Ora por tu esposo para que siempre ponga a Dios primero, a ti segunda y a los hijos terceros. Entonces, no importa cualquier otra cosa que esté sucediendo en su vida, sus prioridades estarán en orden y habrá mayor paz y alegría en el futuro para ambos.

Oración

Dios, te proclamo Señor de mi vida. Ayúdame a buscar de ti primero cada día y poner mis prioridades en perfecto orden. Revélame cómo poner de forma apropiada a mi esposo antes que a mis hijos, trabajo, familiares, amigos, actividades e intereses. Muéstrame lo que puedo hacer bien ahora para demostrarle que él tiene esta posición en mi vida. Arregla las veces que he causado que él ponga esto en duda. Dime cómo establecer el orden de mis prioridades de manera que cualquier cosa que le robe a la vida o no tenga un propósito duradero, no ocupe mi tiempo.

Oro que las prioridades de mi esposo también estén en perfecto orden. Sé Señor y gobernante de su corazón. Ayúdalo a escoger una vida sencilla que le permita tener tiempo a solas contigo, Señor, un lugar para estar callado en tu presencia cada día. Háblale sobre el hacer una prioridad de tu Palabra, el orar y la alabanza. Capacítalo para que me ponga a mí y a sus hijos en un lugar más prominente en su corazón que su carrera, amigos y actividades. Oro que él te busque a ti primero y que someta todo a ti, porque cuando él lo hace yo sé que las otras piezas de su vida caerán en su lugar perfecto.

HERRAMIENTAS DE PODER

Más bien, busquen primeramente el reino de Dios y su justicia, y todas estas cosas les serán añadidas.

Mateo 6:33

Cada uno debe velar no sólo por sus propios intereses sino también por los intereses de los demás.

Filipenses 2:4

Nadie puede servir a dos señores, pues menospreciará a uno y amará al otro, o querrá mucho a uno y despreciará al otro. No se puede servir a la vez a Dios y a las riquezas.

Mateo 6:24

También se parece el reino de los cielos a un comerciante que andaba buscando perlas finas. Cuando encontró una de gran valor, fue y vendió todo lo que tenía y la compró.

Mateo 13:45,46

¡Vete Satanás! –le dijo Jesús–. Porque escrito está: "Adora al Señor tu Dios y sírvele solamente a él."

Mateo 4:10

Capítulo Diecisiete

Sus relaciones

*E*l aislamiento no es saludable. Todos necesitamos la influencia de personas buenas para mantenernos en el camino correcto. Toda pareja casada debe tener por lo menos a dos parejas que sean creyentes fuertes con quien puedan compartir los incentivos, la fuerza, y la riqueza de sus vidas. Estar alrededor de estas personas edifica, enriquece, equilibra, llena, y nos ayuda a mantener la perspectiva cuando las cosas parecen salirse de proporción. Que se nos peguen a nosotros las cualidades positivas de otras personas, es lo mejor para un matrimonio.

Recuerdo una vez cuando Michael y yo tuvimos una discusión justo antes de ir a casa de otra pareja para cenar. En el camino nos mantuvimos en silencio, y lo único en que yo podía pensar era cómo íbamos a poder pasar la noche con dignidad sin hacer que la otra pareja se incomodase. Cuando llegamos, nuestros pensamientos y emociones fueron afectados por la calidez, el amor y la rica devoción que sentimos de parte de ellos. Poco después estábamos riéndonos y hablando y pasando un tiempo maravilloso, olvidándonos de lo que había ocurrido anteriormente. Lo que esas dos personas tenían no era solo un espíritu de fiesta de "¡que vengan los buenos tiempos!", era el gozo del Señor, y se nos pegó.

Hemos visto lo mismo suceder a la inversa. En varias ocasiones han venido a cenar a nuestra casa, parejas que están pasando por conflictos matrimoniales y cuando se fueron tenían paz en sus corazones. Una pareja hasta nos llamó por teléfono justo antes de llegar, cuando la comida estaba lista, para decirnos que acababan de tener una mala discusión y que no les era posible ser unos invitados agradables. Yo les dije que entendía perfectamente, porque nosotros habíamos experimentado lo mismo, pero que queríamos que vinieran, aunque se quedaran sentados en silencio toda la noche.

—De todas maneras, necesitan comer —les dije—. Si es necesario se pueden sentar a los lados opuestos de la mesa.

Tomó un poco persuadirlos, pero vinieron y terminó siendo una noche que todos disfrutamos en gran manera. Hasta terminamos riéndonos de lo que había sucedido más temprano y ellos se fueron tomados de la mano.

El ser buenos amigos de personas piadosas, que aman al Señor, no sucede por casualidad. Tenemos que orar para que personas así lleguen a nuestras vidas, y cuando las encontramos, debemos seguir cubriendo las relaciones con oración. También debemos orar para que las malas influencias se vayan. La Biblia nos dice: "no formen yunta con los incrédulos" (2 Corintios 6:14). Esto no quiere decir que jamás podemos estar alrededor de alguien que no es cristiano, pero nuestras relaciones más íntimas y las que tienen más influencia deben ser con personas que conocen y aman al Señor, si no habrán consecuencias. "El justo es guía de su prójimo, pero el camino del malvado lleva a la perdición" (Proverbios 12:26). Por eso es tan importante tener una iglesia donde es posible conocer la clase de personas que necesitas. Escoge estar alrededor de las personas de más alta calidad posible, las cuales tienen sus corazones dirigidos a Dios.

Ora también para que tu esposo tenga como amigos a hombres de Dios. Y cuando los encuentre, dale tiempo para que pase con ellos, sin criticar. Esos amigos lo han de refinar. "El hierro se afila con el hierro, y el hombre en el trato con el hombre" (Proverbios 27:17). Ellos serán una buena influencia. "El perfume y el incienso alegran el corazón; la dulzura de la amistad fortalece el ánimo" (Proverbios 27:9). Claro está, si se convierte en una obsesión, ora por equilibrio.

Después que tuvimos a nuestros hijos, Michael trabajaba todos los días y las noches durante la semana y en los fines de semana pasaba todo su tiempo libre en el campo de golf o en los juegos de béisbol y fútbol con sus amigos. Hubo muchas discusiones amargas por este motivo, pero los cambios no sucedieron hasta que comencé a orar para que *Dios* le diera convicción y volviera su corazón a casa. Dios hizo una obra mucho mejor de lo que yo jamás hubiera podido hacer.

A menudo, los hombres tienen menos amigos íntimos que las mujeres por la manera en que utilizan su tiempo para establecer sus carreras. No toman los pasos necesarios para desarrollar amistades íntimas como nosotras hacemos. Ahí es donde la oración puede hacer una diferencia. Aun si tu esposo no es creyente, todavía puedes orar para que tenga amigos devotos. Una íntima amiga mía tiene un esposo que no conoce al Señor, y muchas veces hemos orado para que tenga amigos devotos y para que esté en contacto con creyentes en su trabajo. Ahora Dios le ha traído tantos cristianos fuertes a su vida que nos reímos por la forma en que el Señor lo tiene rodeado.

Ora por *todas* las relaciones de tu esposo. Él necesita tener buenas relaciones con sus padres, hermanos, hermanas, tías, tíos, primos, compañeros de trabajo, y vecinos. Ora para que ninguna de sus relaciones sea arruinada por su incapacidad de perdonar. Un esposo torturado por la falta de perdón no es cosa linda.

Oración

$\mathscr{S}$*eñor,* oro para que (el nombre del esposo) tenga buenos amigos piadosos con quien pueda compartir su corazón abiertamente. Que sean hombres sabios de confianza que hablen la verdad a su vida y no sólo digan lo que él quiere oír (Proverbios 28:23). Dale el discernimiento para separarse de cualquiera que no sea una buena influencia (1 Corintios 5:13). Muéstrale la importancia de tener amistades de Dios y ayúdame a animarlo a que las mantenga. Danos parejas casadas creyentes con quienes nos podamos sentir cómodos compartiendo nuestras vidas.

Oro por las relaciones fuertes y llenas de paz con cada uno de los miembros de su familia, vecinos, amistades y compañeros de trabajo. Hoy oro en específico por su relación con (nombre de la persona). Inspira una comunicación abierta y una aceptación mutua entre los dos. Permite que, donde ha habido alejamiento, haya reconciliación. Obra la paz en lo que necesite ser arreglado.

Oro para que en su corazón él honre a su padre y a su madre para que viva una larga vida llena de bendición (Éxodo 20:12). Ayúdalo a ser una persona que perdona y no guardar rencor en su corazón contra nadie. Señor, tú has dicho en tu Palabra que "el que odia a su hermano está en la oscuridad y en ella vive, y no sabe adónde va porque la oscuridad no lo deja ver (1 Juan 2:11). Oro para que mi esposo jamás sea cegado por la oscuridad de la falta de perdón, sino que camine de continuo en la luz del perdón. Que no juzgue ni muestre desprecio por nadie pero que recuerde que "todos tendremos que comparecer ante el tribunal de Dios" (Romanos 14:10).

Ayúdalo a amar sus enemigos, a bendecir a los que le maldicen, a hacer bien a los que lo odian, y orar por aquellos que por maldad lo utilizan y lo persiguen (Mateo 5:44). Oro para me considere su mejor amiga y que nuestra amistad siga creciendo. Muéstrale lo que es ser un amigo verdadero y ayúdalo a ser uno.

HERRAMIENTAS DE PODER

Preocupémonos los unos por los otros, a fin de estimularnos al amor y a las buenas obras. No dejemos de congregarnos, como acostumbran hacerlo algunos, sino animémonos unos a otros.

Hebreos 10:24, 25

Si estás presentando tu ofrenda en el altar y allí recuerdas que tu hermano tiene algo contra ti, deja tu ofrenda allí delante del altar. Ve primero y reconcíliate con tu hermano; luego vuelve y presenta tu ofrenda.

Mateo 5:23, 24

Pero si vivimos en la luz, así como Él está en la luz, tenemos comunión unos con los otros.

1 Juan 1:7

Así que, ¡cuídense! Si tu hermano peca, repréndelo; y si se arrepiente, perdónalo. Aun si peca contra ti siete veces en un día, y siete veces regresa a decirte "Me arrepiento", perdónalo.

Lucas 17:3, 4

Este mandamiento nuevo les doy: que se amen los unos a los otros. Así como yo los he amado, también ustedes deben amarse los unos a los otros. De este modo todos sabrán que son mis discípulos si se aman los unos a los otros.

Juan 13:34,35

Capítulo Dieciocho

Su paternidad

*U*na de las cosas que mi esposo mencionó cuando le pedí que compartiera conmigo sus temores más profundos fue el temor de ser un buen padre. "Creo que es algo que en general el hombre tiende a temer", me dijo. "Estamos tan absortos en lo que hacemos en nuestro trabajo que tememos que no hayamos hecho lo suficiente con nuestros hijos. O tememos que no lo hicimos lo suficientemente *bien*, o nos falte algo. Es aun peor con los adolescentes. Tememos no poder comunicarnos con ellos porque podríamos ser vistos como viejos y sin sentido".

Su perspectiva me tocó y decidí orar para que él fuera un buen padre. Creo que mis oraciones hicieron una diferencia porque lo vi ser paciente con nuestros hijos y menos inseguro de sus habilidades como padre. Llegó a estar muy relajado y más capaz de disfrutarlos. Cuando era necesario disciplinarlos estaba menos enojado o atormentado por los remordimientos y con más capacidad para hablar con poder la sabiduría en sus vidas. Ahora él ve que cualquier fallo en nuestros hijos no es necesariamente un reflejo de su valor como padre.

Los pensamientos de fracaso e ineptitud son la causa de que tantos padres se rindan, se vayan, se vuelvan dominantes de esforzarse demasiado, o desarrollen una actitud pasiva y se vayan quedando atrás en la vida de sus hijos. Esto puede ser muy abrumador especialmente para un hombre que ya se siente como un fracaso en otras áreas. Las madres también se abruman con pensamientos de ineptitud, pero solo las muy perturbadas abandonan, rechazan o hieren a sus hijos. Esto es porque desde el momento de la concepción, tenemos la oportunidad de derramar tanto de nosotras mismas en las vidas de nuestros hijos. Los llevamos en el vientre, cuando son recién nacidos los lactamos y cuidamos, guiamos, enseñamos y les amamos tanto que desde el principio sentimos un vínculo completo. Los padres no tienen ese privilegio y a veces se sienten que están comenzando desde afuera, tratando de entrar. Es muy fácil sentirse alejados e inútiles por completo si a la misma vez están empleando mucho tiempo y energía para establecer sus carreras. Nuestras oraciones pueden ayudar a esta situación.

¿Alguna vez ha orado alguien por ti cuando no podías pensar correctamente, y después que oraron tuviste una claridad y visión completas? Yo he experimentado eso un sinnúmero de veces. Creo que esto es lo que puede suceder a nuestros esposos cuando oramos acerca de su forma de criar a los niños. Si la duda les tortura y el sentido de responsabilidad es una carga, podemos reducir estos sentimientos con nuestras oraciones. La oración les puede ayudar a recobrar una perspectiva clara de lo que significa ser un buen padre, y abrirle la puerta para que el Espíritu Santo le guíe en cuanto a cómo manejar los retos que surgen en la crianza.

Mi esposo recordó un incidente específico donde él sabía que mis oraciones por él en cuanto a su paternidad hicieron una gran diferencia. Sucedió cuando nuestro hijo Christopher tenía como siete años de edad y lo sorprendimos en una mentira. Sabíamos que teníamos que tratar con esto, pero queríamos una confesión completa de parte de él junto con un corazón arrepentido. En ese momento no sucedió nada. Michael quería enseñarle algo pero no sabía qué hacer, por lo tanto me pidió que orara. Se le hizo muy claro mientras yo oré. Mientras Chris miraba, Michael dibujó un triángulo y un dibujo de Satanás, de Dios y de Christopher, cada uno en una punta del triángulo. Entonces describió el plan de

Satanás para Chris y el plan de Dios para Chris. Ilustró cómo el mentir era parte del plan de Satanás, el cual Chris seguía. Con detalles describió las consecuencias finales de seguir tras los planes de Satanás, lo cual significaba viajar en una trayectoria alejada de Dios, y Christopher fue tan conmovido que perdió el control y confesó la mentira con un corazón arrepentido por completo. Michael dijo que él sabía que si no hubiera sido por ese retrato tan claro de parte de Dios jamás habría podido llegar a su hijo con la profundidad que era necesaria.

La mejor forma para que un hombre sea un buen padre es conocer a su Padre celestial y aprender a imitarlo. Mientras más tiempo pasa en la presencia del Señor, siendo transformado a su imagen, mejor influencia será cuando pase tiempo con sus hijos. Tendrá un corazón de padre porque entiende el corazón *del Padre*. Esto puede ser difícil si tu esposo no tuvo una relación buena con su padre terrenal. La forma en que un hombre se relaciona con su papá, a menudo afecta cómo se va a relacionar con su Padre Dios. Si fue abandonado, quizás tenga temor de ser abandonado por Dios. Si su padre fue distante o incomprensivo, puede que vea a Dios como distante e incomprensivo. Si dudaba del amor de su padre, es posible que dude del amor de su Padre celestial. Si está enojado con su padre, quizás también esté enojado con su Padre Dios. Los sucesos del pasado en cuanto a su padre, pueden servir como una barrera que no le permita conocer en verdad el amor del Padre. Esto se extenderá a su relación con sus hijos.

Ora para que tu esposo crezca en un entendimiento mayor del amor de su Padre celestial y que sea sanado de cualquiera idea errónea que tenga en su corazón y en su mente en cuanto a eso.

Pídele al Señor que le sane esa enorme herida donde su padre le ha fallado y él le echa la culpa a Dios. La Biblia dice: "Al que maldiga a su padre y a su madre, su lámpara se apagará en la más densa oscuridad" (Proverbios 20:20). A menos que perdone a su padre en su corazón, él estará en la oscuridad en cuanto a cómo ser el mejor padre para sus hijos. Su padre no tiene que estar vivo para poner en orden esa relación, porque lo que está en su corazón acerca de su padre, es lo que importa. Ora para que tenga una actitud correcta hacia su padre terrenal para que nada se interponga entre él y su relación con su Padre Dios.

Los hombres no siempre se dan cuenta de lo importante que son en la vida de sus hijos. A veces piensan que solamente están allí para proveer lo material para ellos. Pero la importancia de la influencia de un padre nunca puede ser subestimada. La forma en que él se relaciona con sus hijos ha de moldear sus vidas para bien o para mal. También cambiará *su* vida para siempre. Pues si falla como padre, siempre ha de llevar con él ese sentido de fracaso. Si tiene éxito, no habrá un éxito mayor en su vida.

Oración

Señor, enséñale a (nombre del esposo) a ser un buen padre. Donde él no fue moldeado según tus caminos, sánale aquellas áreas y ayúdalo a perdonar a su papá. Dale una revelación de ti y un hambre en su corazón para conocerte en verdad como su Padre celestial. Atráele para que pase tiempo en tu presencia y pueda convertirse más como tú, y comprender por completo tu compasión y amor hacia él como Padre. Dale ese mismo corazón a él por sus hijos

Ayúdalo a equilibrar la misericordia, el juicio, y la instrucción al igual que tú lo haces. Aunque tú requieres obediencia, eres pronto para reconocer un corazón arrepentido. Que él también sea así. Enséñale cuándo y cómo disciplinar. Ayúdalo a ver que el que ama a su hijo lo disciplina pronto (Proverbios 13:24). Que jamás "haga enojar a sus hijos, sino criarlos según la disciplina e instrucción del Señor" (Efesios 6:4).

Oro para que estemos unidos en las reglas que ponemos a nuestros hijos y estar de acuerdo por completo en cómo los criamos. Oro para que no haya ninguna contienda ni discusión en cuanto a cómo lidiar con ellos y con los asuntos que rodean sus vidas.

Dale habilidad para comunicarse con sus hijos. Oro para que no sea severo, duro, cruel, frío, abusivo, poco comunicativo, pasivo, criticón, débil, indiferente, negligente, no confiable, o que no se involucra. Ayúdalo a ser amable, amoroso, de corazón tierno, cálido, interesado, que brinda apoyo, cariñoso, involucrado, fuerte, constante, confiable, que comunique con sus palabras, comprensivo, y paciente. Que requiera e inspire a sus hijos a honrarle como su padre para que sus vidas sean largas y bendecidas.

Señor, sé que les pasamos una herencia espiritual a nuestros hijos. Que la herencia que él pase sea rica en la plenitud de tu Espíritu Santo. Ayúdale a moldear con claridad un caminar sumiso a tus leyes. Que se deleite en sus hijos y anhele criarlos en tus caminos. Ser un buen padre es algo que él desea mucho. Oro para que le concedas el deseo de su corazón.

HERRAMIENTAS DE PODER

La corona del anciano son sus nietos; el orgullo de los hijos son sus padres.

Proverbios 17:6

Porque el Señor disciplina a los que ama, como corrige un padre a su hijo querido.

Proverbios 3:12

El padre del justo experimenta gran regocijo; quien tiene un hijo sabio se solaza en él.

Proverbios 23:24

Disciplina a tu hijo, y te traerá tranquilidad; te dará muchas satisfacciones.

Proverbios 29:17

Yo seré un padre para ustedes, y ustedes serán mis hijos y mis hijas, dice el Señor Todopoderoso.

2 Corintios 6:18

Capítulo Diecinueve

Su pasado

*M*ichael tenía diecinueve años cuando se desplomó exhausto de los nervios. Durante el día iba a la universidad a jornada completa, y en las tardes y las noches escribía, hacía arreglos musicales y tocaba el piano y los tambores en los clubes locales. Tenía mucha tensión, dormía poco y trabajaba hasta la saciedad. El doctor de la familia sugirió que lo internaran en un hospital psiquiátrico cercano donde pudiera descansar lo necesario. Más tarde su madre me contó que ella y el doctor se arrepintieron de esa decisión, pero en ese momento no sabían qué más hacer. Michael describió sus dos semanas de "descanso" ahí como la experiencia más aterradora de su vida. Observó comportamientos tan extraños y horripilantes en los otros pacientes que se traumatizó con el temor de que quizás nunca saldría. Regresó a la universidad con una agenda de trabajo menos cargada, pero también con gran temor.

Durante los años que hemos estado casados, han habido momentos donde él ha tenido tanto trabajo y presión que ha sentido la misma clase de agotamiento. Esto siempre le recuerda lo que sucedió cuando era adolescente.

El pasado le caía encima como un fantasma y lo amenazaba con el pensamiento: *Vas a terminar de nuevo en un hospital psiquiátrico*. Él dice que durante esos momentos es que mis oraciones han sido lo más importante para él. Yo siempre oraba para que él conociera la verdad, y la verdad lo hiciera libre (Juan 8:32). Oré para que Dios lo librara de su pasado. Esto ha sido un proceso gradual, pero he visto adelantos cada vez que he orado.

El pasado no es un lugar donde debemos vivir, sino algo de donde aprender. Tenemos que olvidarnos de "lo que queda atrás" y hemos de "seguir avanzando hacia la meta para ganar el premio que Dios ofrece mediante su llamamiento celestial en Cristo Jesús" (Filipenses 3:13, 14). Dios es un redentor y un restaurador. Necesitamos permitir que sean ambos. Él puede redimir el pasado y restaurar lo que se perdió. Puede compensar por las cosas malas que han sucedido (Salmo 90:15). Tenemos que confiar en que Él haga esas cosas. Jamás podremos salir del presente y entrar en el futuro que Dios tiene para nosotros si nos aferramos del pasado y vivimos en él.

El pasado de tu esposo no solo lo afecta a él, sino a tus hijos también. Es más que solo transmitir a tus hijos y nietos el color de tu cabello y de tus ojos. Podemos dejar una herencia tan dolorosa y dañina como la que nosotros mismos hemos experimentado. Les podemos legar una herencia de divorcio, ira, ansiedad, depresión y temor, para mencionar solo algunas. De lo que tú y tu esposo se puedan librar significará más libertad para ellos. Mientras vivas en el pasado, no solo has de perder un poco de lo que Dios tiene para ti, sino también para el futuro de tus hijos.

Es muy probable que los sucesos del pasado de tu esposo que más le afectan hoy en su vida sean los que ocurrieron en su niñez. Las cosas malas que sucedieron o las cosas buenas que *no* sucedieron con los miembros de la familia son las de mayor importancia. El ser catalogado de cierta forma por un familiar o compañero, pasa hasta la vida de adulto. Palabras tales como "gordo", "estúpido", "falta de coordinación", "fracaso", "pobre", "perdedor", "puerco", "cuatro ojos", "lento", o "idiota" se hacen sentir y quedan impresos en la mente y en las emociones hasta bien entrada la adultez. Aunque nadie puede hacer como si el pasado no hubiera existido, es posible orar para que eliminar los efectos. Nadie está destinado a vivir con ellos por siempre.

Dios dice que debemos clamar para ser libres, caminar en sus caminos, proclamar su verdad, y entonces hemos de encontrar libertad de nuestro pasado. Pero a veces existen *niveles* de libertad que hay que atravesar. Quizás tu esposo cree que está libre de algo, pero esto vuelve a su cabeza, dejándolo con el sentir de que está de nuevo donde comenzó. Dile que no se desanime por eso. Si ha estado caminando con el Señor, es posible que esté entrando en un nivel de libertad más profundo, el cual Dios quiere obrar en su vida. Con seguridad tus oraciones lo han de ceñir para la jornada hacia una libertad mayor.

Ser librado del pasado puede suceder muy rápido o puede ser un proceso paso a paso, dependiendo de lo que Dios esté enseñando. El problema es que no puedes hacer que suceda a tu tiempo. Tienes que ser paciente y orar el tiempo que sea necesario para poder mantener contenidas las voces del pasado y tu esposo pueda tomar la decisión de no oírlas.

Oración

Señor, oro para que ayudes a (nombre del esposo) a dejar su pasado por completo. Líbralo de cualquier cosa que lo esté sujetando. Ayúdalo a quitarse el viejo comportamiento y la manera en que acostumbraba a pensar en él y ser renovado en su mente (Efesios 4:22, 23). Dale un entendimiento mayor para saber que tú haces todas las cosas nuevas (Apocalipsis 21:5).

Muéstrale una manera fresca e inspirada por el Espíritu Santo de relacionarse con las cosas negativas que han sucedido. Dale la mente de Cristo para que pueda discernir con claridad entre tu voz y las voces del pasado. Cuando escuche aquellas voces viejas, ayúdalo a levantarse y a apagarlas con la verdad de tu Palabra. Donde con anterioridad ha experimentado rechazo o dolor, oro para que no le permita influir en lo que ahora ve y oye.

Derrama perdón dentro de su corazón para que la amargura, el resentimiento, la venganza y la falta de perdón no tengan lugar ahí. Que pueda ver el pasado solo como una lección de historia y no como una guía para su diario vivir.

Dondequiera que su pasado se ha convertido en un recuerdo desagradable, oro para que tú lo restaures y saques vida de ahí. Cubre con vendas sus heridas (Salmo 147:3). Restaura su alma (Salmo 23:3).

Ayúdalo a soltar el pasado para que no viva en él, sino que aprenda de él, que rompa con él y entre en el futuro que tú tienes para él.

HERRAMIENTAS DE PODER

Olviden las cosas de antaño; ya no vivan en el pasado. ¡Voy a hacer algo nuevo! Ya está sucediendo, ¿no se dan cuenta? Estoy abriendo un camino en el desierto, y ríos en lugares desolados.

Isaías 43:18, 19

Por lo tanto, si alguno está en Cristo, es una nueva creación. ¡Lo viejo ha pasado, ha llegado ya lo nuevo!

2 Corintios 5:17

Con respecto a la vida que antes llevaban, se les enseñó que debían quitarse el ropaje de la vieja naturaleza, la cual está corrompida por los deseos engañosos; ser renovados en la actitud de su mente y ponerse el ropaje de la nueva naturaleza, creada a la imagen de Dios, en verdadera justicia y santidad.

Efesios 4:22-24

Al contrario, aunque por fuera nos vamos desgastando, por dentro nos vamos renovando día tras día.

2 Corintios 4:16

Él les enjugará toda lágrima de los ojos. Ya no habrá muerte, ni llanto, ni lamento ni dolor, porque las primeras cosas han dejado de existir.

Apocalipsis 21:4

Capítulo Veinte

Su actitud

A nadie le gusta estar alrededor de una persona que tiene mala actitud. La vida es lo suficiente dura sin tener que oír a alguien que se queje de continuo. Yo conozco a un hombre que está tan acostumbrado a estar enojado y a sentirse desdichado que esa es su primera reacción a todo; aun a las buenas noticias. Cuando cosas maravillosas suceden, encuentra algo por lo cual estar enojado. Desgraciadamente esto fue moldeado desde niño, por lo tanto es probable que sea una respuesta aprendida. Quizás nunca nadie lo enseñó a disfrutar de la vida. Pero permitir que el pasado controle el día de hoy es una decisión que él hace. Por eso, no solo jamás será feliz, sino que tampoco lo serán aquellos que están alrededor de él. Nosotros no queremos ser ese tipo de persona ni vivir con alguien así.

Sin mencionar nombres, déjame asegurarte que soy una experta en cuanto a orar por alguien que tiene mala actitud. Sin embargo, me tomó mucho tiempo dejar de reaccionar a lo negativo y en su lugar comenzar a orar por eso. Valió la pena, pero aun estoy perfeccionando este modo de operación. Cada vez que oraba para que un espíritu de gozo se levantara dentro del corazón de una persona, pude ver cambios visibles y mi reacción también era mejor.

Una persona dura, enojada, sin perdonar, negativa, puede ponerse así por varias razones. Se *mantiene* así por una voluntad terca que se niega a recibir el amor de Dios. La Biblia dice que tenemos para escoger lo que permitimos entrar en nuestro corazón (Salmo 101:4), y podemos escoger si nos endurecemos o no endurecemos ante el amor de Dios (Proverbios 28:14). Nosotros escogemos nuestra actitud. Elegimos recibir el amor de Dios. Permitimos que se levante dentro de nosotros una actitud de agradecimiento.

Si tu esposo continuamente tiene mala actitud, hará de un matrimonio bueno, uno desdichado, y de un matrimonio tambaleante, uno intolerable. La costumbre de contestar negativamente afectará de forma adversa cada aspecto de su vida. Claro, tú no puedes gobernar la voluntad de tu esposo, pero puedes orar para que su voluntad se ponga en línea con la de Dios. Ora para que su corazón se vuelva puro, porque la Biblia promete que la persona de corazón puro verá a Dios (Mateo 5:8) y tendrá un rostro alegre (Proverbios 15:13). ¿A quien no le gustaría que su esposo vea a Dios y tenga un rostro alegre? Ora para que su corazón sea lleno de alabanza, agradecimiento, amor, y gozo, porque "el que es bueno, de la bondad que atesora en el corazón saca el bien" (Mateo 12:35). Aunque no haya cambios importantes de inmediato, seguro que tus oraciones le han de suavizar. Y por lo menos eso te puede dar a *ti* una actitud mejor mientras esperas que la de él mejore.

Oración

Señor, llena hoy a (nombre del esposo) con tu amor y paz . Que haya tranquilidad, serenidad y un sentir de bienestar establecido en él porque su vida está controlada por Dios, en lugar de controlada por su carne.

Ayúdalo a caminar delante de ti en su casa, con un corazón limpio y perfecto (Salmo 101:2). Haz brillar sobre él la luz de tu Espíritu Santo y llénalo con tu amor.

Oro para que sea amable y paciente, no egoísta o que se irrite con facilidad. Ayúdalo a disculpar todo, a creer todo, a esperar todo, y a soportar todo (1 Corintios 13:7). Líbralo de la ira, intranquilidad, ansiedad, preocupaciones, confusión interna, contienda y presión. Que no sea quebrantado por causa del dolor (Proverbios 15:13), sino que pueda disfrutar de continuo la fiesta de un corazón contento (Proverbios 15:15).

Dale un espíritu de gozo y ayúdalo a no convertirse en un hombre viejo refunfuñón. Ayúdalo a no estar ansioso por nada, sino dar gracias en todo para que pueda conocer la paz que sobrepasa todo entendimiento. Que pueda llegar hasta el punto de decir: "He aprendido a estar satisfecho en cualquier situación en que me encuentre" (Filipenses 4:11).

Le digo a (nombre del esposo) este día, "El Señor te bendiga y te guarde; el Señor te mire con agrado y te extienda su amor; el Señor te muestre su favor y te conceda la paz" (Números 6:24-26).

HERRAMIENTAS DE PODER

No se inquieten por nada; más bien, en toda ocasión, con oración y ruego, presenten sus peticiones a Dios y denle gracias. Y la paz de Dios, que sobrepasa todo entendimiento, cuidará sus corazones y sus pensamientos en Cristo Jesús

Filipenses 4:6, 7

Arrojen de una vez por todas las maldades que cometieron contra mí, y háganse de un corazón y de un espíritu nuevos.

Ezequiel 18:31

Como ciudad sin defensa y sin murallas es quien no sabe dominarse.

Proverbios 25:28

Si tengo el don de profecía y entiendo todos los misterios y poseo todo conocimiento, y si tengo una fe que logra trasladar montañas, pero me falta el amor, no soy nada.

1 Corintios 13:2

Entren por sus puertas con acción de gracias; vengan a sus atrios con himnos de alabanza; denle gracias, alaben su nombre.

Salmo 100:4

Capítulo Veintiuno

Su matrimonio

Una de las características que yo quería en un esposo antes de casarme era que no le interesaran los deportes. Yo detestaba la idea de estar el resto de mi vida con alguien que pasara cada momento libre sentado en el sofá con el control remoto en la mano, mirando fútbol, pelota, baloncesto, y golf. Una de las cosas que más admiré en Michael cuando comenzamos a salir fue que nunca mencionó los deportes cuando estábamos juntos. De hecho, afirmó que se aburría por completo con deportes. Te puedes imaginar mi asombro, cuando varios años después de estar casados, no solo se interesó en los deportes, sino que se convirtieron en una obsesión. Si perdían los Chicago Bears, al final también perdía el resto de la familia. Cuando ganaban los Cubs, todos los que estaban alrededor de él se quedaban sordos por sus gritos. No estaba contento con solo ver un juego de vez en cuando; tenía que ver *todos* los juegos. No era un observador pasivo. Se ponía las camisetas de los Bears y las gorras de los Cubs y brincaba. Traté de ir a juegos con él, pero me atraían más los perros calientes. Traté de ver los deportes en la televisión con él, pero el aburrimiento era insoportable. Cedí al resentimiento por el hecho de que parecía que prefería ver un deporte en lugar de pasar tiempo con su familia.

El poder de la esposa que ora

No fue hasta años después, cuando en realidad comencé a orar por nuestro matrimonio, que las cosas cambiaron. Por alguna razón que no pude comprender, Dios no le quitó a mi esposo el interés por los deportes. En lugar de eso, Él me dio a mí paz y una perspectiva nueva. Llegamos a un compromiso donde yo no le iba a poner presión para impedir que viera los deportes si él no me ponía presión a mi de tener que fingir interés. No le acusaría de usar tácticas engañosas antes de casarnos si él me concedía a mí la misma cortesía. Esto puede lucir como un asunto de poca importancia dentro de un matrimonio, pero estas clases de cosas se van sumando y pueden ser fundamentales en determinar si un matrimonio se queda junto o se deshace.

Orar por todos los aspectos de un matrimonio mantiene la idea del divorcio lejos de tomar auge. Por lo tanto, no debemos descuidar los temas importantes, aunque pensemos que no se aplican a nosotros. Desde el día que nos casamos, oré para que no hubiera divorcio ni adulterio en nuestro futuro. Aunque no existía historia alguna de eso en nuestras familias, el divorcio y el adulterio habían saturado tanto a nuestra cultura y a los negocios en que estábamos nosotros involucrados, que en ciertos círculos era de esperarse. Oré para que Dios mantuviera nuestro matrimonio lejos de tal destrucción. Dios ha sido fiel en contestar aquellas oraciones.

El matrimonio es fantástico cuando dos personas entran en él con el compromiso mutuo de mantenerlo fuerte, no importa qué suceda. Pero a menudo, una pareja tiene ideas preconcebidas acerca del otro, y cómo se supone que debe ser la vida matrimonial; luego pega la realidad. Ahí es cuando sus reinos pueden ser divididos. Tienes que orar continuamente para que cualquier expectación inverosímil sea puesta al descubierto y toda incompatibilidad sea allanada para que puedan crecer juntos en un espíritu de unidad, compromiso, y vínculo de intimidad. Ora para que tu matrimonio esté en una posición donde ambos estén de acuerdo, y Dios esté entre ustedes. (Mateo 18:19, 20). Si alguno de ustedes dos ha estado casado antes, ora para que no traigan ningún residuo del matrimonio anterior a este. Rompe cualquier atadura, buena o mala, emocional o espiritual, a relaciones anteriores. No puedes entrar en el futuro si tienes un pie en el pasado.

No tomes tu matrimonio a la ligera, no importa cuán maravilloso éste sea. "Por lo tanto, si alguno piensa que está firme, tenga cuidado de no caer" (1 Corintios 10:12). Ora para que tu matrimonio esté a salvo de cualquier persona o situación que lo pueda destruir. Pídele al Señor que haga lo que sea necesario para mantener el matrimonio intacto, ¡aunque signifique que el Señor nos tenga que disciplinar como sea necesario cuando piensen que Él se ha dado por vencido! Ora para que el Señor haga de su matrimonio una fuente de gozo y de vida para ambos, y no que sea una carga, una espina, un terror, una irritación, o una condición temporal.

Oración

Señor, oro para que protejas nuestro matrimonio de cualquier cosa que pudiera dañarlo o destruirlo. Protégelo de nuestro egoísmo y descuido, de los planes y deseos malos de otras personas, y de situaciones feas o peligrosas. Que no haya pensamiento alguno de divorcio o infidelidad dentro de nuestros corazones, y ninguno en nuestro futuro. Líbranos de heridas, recuerdos o ataduras de relaciones del pasado y de expectativas no reales que tengamos el uno del otro. Oro para que no haya celos en ninguno de nosotros, o la baja autoestima que lo precede. Que no entre nada en nuestros corazones y costumbres que pueda amenazar de cualquier manera el matrimonio, en especial los vicios tales como el alcohol, las drogas, las apuestas, la pornografía, la lujuria o las obsesiones.

Únenos en un vínculo de amistad, compromiso, generosidad, y entendimiento. Elimina nuestra inmadurez, hostilidad, o sentimientos de ineptitud. Ayúdanos a sacar tiempo para el otro, para estar solos, para cultivar y renovar el matrimonio y para recordarnos las razones por las cuales nos casamos. Oro para que (nombre del esposo) se comprometa contigo, Señor, que su compromiso conmigo no sea movido, no importa qué tormentas vengan. Oro para que el amor del uno al otro crezca cada día más fuerte, para que jamás dejemos una herencia de divorcio a nuestros hijos.

HERRAMIENTAS DE PODER

Más valen dos que uno, porque obtienen más fruto de su esfuerzo. Si caen, el uno levanta al otro. ¡Ay del que cae y no tiene quien lo levante!

Eclesiastés 4:9,10

Así que cuídense ustedes en su propio espíritu, y no traicionen a la esposa de su juventud. "Yo aborrezco el divorcio, dice el Señor, Dios de Israel, "y al que cubre de violencia sus vestiduras", dice el Señor Todopoderoso. Así que cuídense en su espíritu y no sean traicioneros.

Malaquías 2:15,16

Tengan todos en alta estima el matrimonio y la fidelidad conyugal, porque Dios juzgará a los adúlteros y a todos los que cometen inmoralidades sexuales.

Hebreos 13:4

Si dos se acuestan juntos, entrarán en calor; uno solo ¿cómo va a calentarse?

Eclesiastés 4:11

A los casados les doy la siguiente orden (no yo sino el Señor): que la mujer no se separe de su esposo. Sin embargo, si se separa, que no se vuelva a casar; de lo contrario, que se reconcilie con su esposo. Así mismo, que el hombre no se divorcie de su esposa.

1 Corintios 7: 10, 11

Capítulo Veintidós

Sus emociones

*D*aniel utilizó la ira para controlar a su familia. Cada miembro de la familia estaba tan preocupado por su temperamento que vivían sus vidas andando en puntillas, cumplían sus antojos a causa del temor en lugar de por amor. Cuando su esposa Marta aprendió que no solo no tenía que tolerar su ira, sino que decir amén a todo era desobedecer a Dios, las cosas comenzaron a cambiar. "No te hagas amigo de gente violenta, ni te juntes con los iracundos, no sea que aprendas sus malas costumbres y tú mismo caigas en la trampa" (Proverbios 22:24, 25).

Marta se dio cuenta de que aún podía amar al hombre pero no aprobar su pecado, por lo tanto comenzó a orar con regularidad por él, con fervor, tanto sola como con un grupo de compañeras de oración. Oró para que él dejara de ser controlado por sus emociones, y en lugar de eso fuera controlado por el Espíritu Santo. Sus oraciones no solo lo ayudaron a él a aclarar su mente lo suficiente como para ver cómo había estado actuando, sino que le trazaron el camino para que pudiera encontrar la fuerza y el valor de cambiar su comportamiento. "El regalo secreto apacigua el enojo" (Proverbios 21:14). El mejor regalo que una esposa puede dar en secreto para calmar el enojo de su esposo es orar por él.

Por años Javier fue atormentado con depresión crónica. Aunque su esposa María era una persona optimista, las emociones negativas de él la derrumbaron y la hicieron sentir desesperada y deprimida como él. Entonces leyó acerca de las experiencias del rey David y se dio cuenta de que describían con precisión lo que su esposo había estado sintiendo. "Tan colmado estoy de calamidades que mi vida está al borde del sepulcro. Ya me cuentan entre los que bajan a la fosa; parezco un guerrero desvalido" (Salmo 88:3, 4). "Estoy agobiado, del todo abatido; todo el día ando acongojado.... Me siento débil, completamente deshecho; mi corazón gime angustiado" (Salmo 38:6,8).

María vio que a pesar de estar tan desesperado, David encontró su esperanza en el Señor y lo superó. "Tú, Señor, me sacaste del sepulcro; me hiciste revivir de entre los muertos" (Salmo 30:3). "Me alegro y me regocijo en tu amor, porque tú has visto mi aflicción y conoces las angustias de mi alma" (Salmo 31:7). "Ven a mi lado, y rescátame" (Salmo 69:18). Ella sintió que Dios en realidad tenía compasión por Javier, y eso despertó la esperanza dentro de ella de que la oración era la clave para liberarlo de las garras de la depresión.

Ella le dijo a Javier que se había comprometido a orar por él todos los días y quería que él le informara cómo se estaba sintiendo. Desde el primer día, ambos se dieron cuenta de que cada vez que ella oraba, su espíritu se levantaba. Pronto él ya no pudo negar el poder de la oración y comenzó a orar con ella. Desde entonces se sigue mejorando. Sus depresiones ahora son menos frecuentes y es capaz de superarlas mucha más rápido. Los dos están comprometidos a buscar de Dios por la libertad total de Javier.

El enojo y la depresión son solo dos de las muchas emociones negativas que pueden atormentar el alma de un hombre. A veces es una costumbre en la forma de pensar, a la que se le ha dado lugar a través del tiempo. Los hombres tienen la tendencia de creer que es parte de su carácter que no pueden cambiar, pero estos patrones pueden ser rotos. No te quedes parada viendo cómo tu esposo es manipulado por sus emociones. La libertad puede estar a solo una oración de distancia.

Oración

Señor, tú has dicho en tu Palabra que tú redimes nuestras almas cuando ponemos nuestra confianza en ti (Salmo 34:22).

Oro para que (<u>nombre del esposo</u>) tenga confianza en que tú redimes su alma de las emociones negativas. Que nunca sea controlado por la depresión, el enojo, la ansiedad, los celos, el desespero, el temor o pensamientos de suicidio. En específico oro por (preocupación). Líbralo de esto y toda otra emoción controladora (Salmo 40:17). Yo sé que solo tú puedes librar y sanar, pero úsame a mí como tu instrumento de restauración. Ayúdame a no ser derrumbada con él cuando él lucha. En lugar de eso ayúdame a comprender y a poder decir palabras que le ofrezcan vida.

Permítele que comparta sus emociones más profundas conmigo y con otros que lo pueden ayudar. Líbralo para que llore cuando lo necesite y no reprima sus emociones. Al mismo tiempo, dale el don de la risa y la habilidad de encontrar el humor aun en situaciones serias. Enséñale a quitar sus ojos de sus circunstancias y que confíe en ti, a pesar de como se siente.

Dale la paciencia para poseer su alma y la habilidad de tomar control de él (Lucas 21:19). En este día úngelo con "el aceite de alegría" (Isaías 61:3), refréscalo con tu Espíritu, y ponlo en libertad de las emociones negativas.

HERRAMIENTAS DE PODER

Necio es el que confía en sí mismo: el que actúa con sabiduría se pone a salvo.

Proverbios 28:26

Pero el Señor cuida de los que le temen, de los que esperan en su gran amor; él los libra de la muerte.

Salmo 33:18, 19

Puse en el Señor toda mi esperanza; él se inclinó hacia mí y escuchó mi clamor. Me sacó de la fosa de la muerte, del lodo y del pantano; puso mis pies sobre una roca, y me plantó en terreno firme. Puso en mis labios un cántico nuevo, un himno de alabanza a nuestro Dios. Al ver esto, muchos tuvieron miedo y pusieron su confianza en el Señor.

Salmo 40:1-3

Me infunde nuevas fuerzas. Me guía por sendas de justicia por amor a su nombre.

Salmo 23:3

El Señor libra a sus siervos; no serán condenados los que en él confían.

Salmo 34:22

Capítulo Veintitrés

Su camino

El camino del hombre es la manera en que él hace su viaje por la vida... su dirección, su enfoque, los pasos que toma. Cada día él escoge un camino. Uno lo llevará hacia delante; todos los demás lo llevarán hacia atrás. El camino que toma afecta todo aspecto de su ser; cómo se desenvuelve con otras personas, cómo trata a su familia, cómo las personas lo ven a él, incluso cómo luce. He visto a hombres poco atractivos, desde cualquier punto de vista, cambiar de forma radical al aprender a caminar con el Espíritu de Dios. Al ser impresa la imagen de Dios en ellos, desarrollaron riqueza de alma, pureza gloriosa, y confianza interna de saber hacia dónde se dirigían. Esto les dio fortaleza y un sentido de propósito que no solo es atractivo y atrayente, es magnético.

La Biblia revela mucho acerca de la clase de camino que debemos tener. Hemos de caminar con *moral correcta* porque "el Señor brinda generosamente su bondad a los que se conducen sin tacha" (Salmo 84:11). Hemos de caminar *sin falta* porque "el que es honrado se mantendrá a salvo" (Proverbio 28:18). Hemos de caminar con *consejeros de Dios* porque "Dichoso el hombre que no sigue el consejo de los malvados" (Salmo 1:1). Hemos de caminar en la *obediencia* porque "dichosos todos los que temen al Señor, los que van por sus caminos" (Salmo 128:1). Hemos de caminar con *personas de sabiduría* porque "el que con sabios anda, sabio se vuelve" (Proverbio 13:20). Hemos de caminar con *integridad* porque "quien se conduce con integridad, anda seguro" (Proverbio 10:9). Mas que todo, hemos de andar un camino de santidad. "Habrá allí una calzada que será llamada Camino de santidad. No viajarán por ella los impuros, ni transitarán por ella los necios; será sólo para los que siguen el camino" (Isaías 35:8). La mejor parte de caminar en el Camino de santidad es que si aun terminamos haciendo algo tonto, no seremos lanzados del camino.

Bernardo, el esposo de Débora, es un hombre de Dios que no sería considerado un hombre necio. Sin embargo, por impulso hizo una inversión de una suma de dinero bastante grande que, en definitiva, probó ser algo muy disparatado. Todo aquel dinero se perdió, y más, porque tuvo como resultado muchos gastos que se añadieron. Este asunto pudo haber destruido su economía, y es posible que hasta la salud de ellos y su matrimonio, pero puesto que Bernardo caminaba ante el Señor con una obediencia y santidad sólidas, fueron perdonados. El hecho fue, que él se adelantó a correr por el camino, y como un necio no esperó la dirección de Dios, se involucró en un problema, pero no para su destrucción.

Jesús dijo que solo hay una manera de andar en el camino correcto, una puerta por donde entrar. "Yo soy el camino", dice Él (Juan 14:6). El camino a la destrucción es ancho y espacioso y muchos escogen ir por ese rumbo. Pero "estrecha es la puerta y angosto el camino que conduce a la vida, y son pocos los que la encuentran" (Mateo 7:14). Ora para que tu esposo la encuentre y sea guiado por el Espíritu Santo de Dios. Para que se mantenga en el camino, tenga fe en la Palabra de Dios, un corazón para la obediencia, y un arrepentimiento profundo para cualquier acción que él tome que no sea la voluntad de Dios para su vida. La fe y la obediencia lo pondrán sobre el Camino de santidad; el caminar en el Espíritu, y no en la carne, lo mantendrá allí.

Dios desea que todo paso de tu esposo sea guiado por Él (Gálatas 5:25), para que pueda caminar con Él, y crecer a la imagen de Él. Un hombre que camina con Dios es muy anhelado.

"*Señor,* yo sé que el hombre no es dueño de su destino, que no le es dado al caminante dirigir sus propios pasos" (Jeremías 10:23). Por lo tanto, Señor, oro para que *tú* dirijas los pasos de mi esposo. Guíalo en *tu* luz, enséñale *tus* caminos para que él camine en *tu* verdad. Oro para que tenga un caminar más profundo contigo y un hambre por tu Palabra que aumente siempre. Que tu presencia sea como una delicia que él jamás deje de anhelar. Guíalo por tu camino y que confiese rápidamente cuando se aleja de él. Revélale cualquier pecado escondido que le impida caminar con rectitud delante de ti. Que experimente un arrepentimiento profundo cuando no vive en obediencia a tus leyes. Crea en él un corazón limpio y renueva la firmeza de su espíritu. No lo alejes de tu presencia, ni le quites tu Espíritu Santo (Salmo 51:10,11).

Señor, tu Palabra dice que aquellos que caminan según la carne no te pueden complacer (Romanos 8:8). Por lo tanto oro para que tú permitas a (nombre del esposo) caminar en el Espíritu y no en la carne y de esa forma mantenerse lejos "del camino de la violencia" (Salmo 17:4). Al caminar en el Espíritu, que lleve el fruto del Espíritu, el cual es amor, alegría, paz, paciencia, amabilidad, bondad, fidelidad, humildad y dominio propio (Gálatas 5:22,23). Mantenlo en el Camino de la santidad para que su andar se integre a cada parte de su vida.

HERRAMIENTAS DE PODER

Que vivan de una manera digna del llamamiento que han recibido, siempre humildes y amables, pacientes, tolerantes unos con otros en amor.

Efesios 4:1,2

Sólo el que procede con justicia y habla con rectitud, el que rechaza la ganancia de la extorsión y se sacude las manos para no aceptar soborno, el que no presta oído a las conjuras de asesinato y cierra los ojos para no contemplar el mal. Ese tal morará en las alturas; tendrá como refugio una fortaleza de rocas, se le proveerá de pan, y no le faltará el agua.

Isaías 33:15,16

Como tenemos estas promesas, queridos hermanos, purifiquémonos de todo lo que contamina el cuerpo y el espíritu, para completar en el temor de Dios la obra de nuestra santificación.

2 Corintios 7:1

¿Quién, Señor, puede habitar en tu santuario? ¿Quién puede vivir en tu monte santo? Sólo el de conducta intachable, que practica la justicia y de corazón dice la verdad.

Salmos 15:1,2

Pondré mis ojos en los fieles de la tierra, para que habiten conmigo; sólo estarán a mi servicio los de conducta intachable.

Salmos 101:6

Capítulo Veinticuatro

Su hablar

*A*lguna vez has observado a un hombre que habla mucho pero no hace nada? Algunos hombres pasan más tiempo haciendo alarde de lo que van a hacer que lo que en realidad hacen. Como de costumbre, jamás llegan a ninguna parte. "Quien mucho se preocupa tiene pesadillas, y quien mucho habla dice tonterías" (Eclesiastés 5:3). Los sueños no se hacen realidad cuando pasas mucho tiempo hablando acerca de ellos, sino cuando oras y trabajas para alcanzarlos.

¿Has estado alrededor de un hombre que está enojado, es grosero o impío en su hablar? Si dice malas palabras deja una sensación fea y desagradable a las personas que lo escuchan y ellas no quieren estar alrededor de él. "Abandonen toda amargura, ira y enojo, gritos y calumnias, y toda forma de malicia" (Efesios 4:31). Las cosas buenas de la vida parecen pasar por alto a aquellos que no tienen nada bueno saliendo de sus bocas.

¿Alguna vez has conocido a un hombre que se queja todo el tiempo? No importa lo que esté sucediendo, logra encontrar algo negativo por lo cual refunfuñar. "Háganlo todo sin quejas ni contiendas, para que sean intachables y puros, hijos de Dios sin culpa en medio de una generación torcida y depravada. En ella ustedes brillan como estrellas en el firmamento" (Filipenses 2:14,15). Las palabras negativas traen resultados negativos y rara vez las cosas acaban bien para una persona que de continuo las usa.

¿Conoces a algún hombre que es rápido para hablar pero, sin embargo, no considera con seriedad lo que habla? Suelta palabras sin medir el efecto de ellas. "El corazón del justo medita sus respuestas, pero la boca del malvado rebosa de maldad" (Proverbios 15:28). "¿Te has fijado en los que hablan sin pensar? ¡Más se puede esperar de un necio que de gente así!" (Proverbios 29:20). Mucho dolor le espera a cualquiera que no considera las consecuencias de sus palabras.

¿Has visto a un hombre que cuando habla causa desánimo y dolor a otra persona, al cónyuge, un niño, un amigo, un compañero de trabajo? "En la lengua hay poder de vida y muerte; quienes la aman comerán de su fruto" (Proverbios 18:21). A causa de eso, aquel hombre traerá *destrucción* a su propia vida.

Nuestras palabras nos pueden justificar o condenar (Mateo 12:37). Nos pueden traer gozo (Proverbios 15:23), o corromper y causarnos deshonra (Mateo 15:11). Lo que decimos puede edificar o derrumbar el alma de cualquier persona con quien hablemos (Proverbios 15:4). Las consecuencias de lo que hablamos son tan grandes que nuestras palabras nos pueden llevar a la ruina o pueden salvar nuestras vidas (Proverbios 13:3).

Toda persona puede escoger lo que va a decir, y existen recompensas por elegir lo correcto. "El que refrena su boca y su lengua se libra de muchas angustias" (Proverbios 21:23). Escucha cómo habla tu esposo. Lo que sale de su boca tiene que ver con la condición de su corazón. "De la abundancia del corazón habla la boca" (Mateo 12:34). Si lo oyes quejarse, hablar de forma negativa, como un necio, o decir palabras que traen destrucción y muerte a su vida o a la de otra persona, en su corazón abundan cosas negativas. Ora para que el Espíritu Santo le dé convicción a su corazón, lo llene de su amor, paz, y gozo, y le enseñe una manera nueva de hablar.

Oración

Señor, oro para que tu Espíritu Santo guarde la boca de mi esposo, para que solo hable palabras que edifiquen y traigan vida. Ayúdalo a no ser refunfuñón, uno que se queja, que dice malas palabras o que destruye con sus palabras, sino que sea disciplinado para mantener su conversación pura. Tu Palabra dice que el que quiera disfrutar de una vida larga tiene que refrenar su lengua de hablar mal y sus labios de proferir engaños (Salmo 34:12-13). Enséñalo cómo hacerlo. Llénalo de tu amor para que de la abundancia de su corazón salgan palabras que edifiquen y no que destruyan. Obra eso en mi corazón también.

Que tu Espíritu de amor reine en las palabras que hablemos para que no tengamos malentendidos ni nos lastimemos el uno al otro. Ayúdanos a respetarnos, hablar palabras que animen, compartir nuestros sentimientos abiertamente, y llegar a acuerdos mutuos sin contienda. Señor, tú has dicho en tu Palabra que cuando dos se ponen de acuerdo, tú estás en medio de ellos. Oro para que lo opuesto también sea verdad; que tú estarás en medio nuestro para que nosotros dos estemos de acuerdo. "Sean, pues, aceptables ante ti mis palabras y mis pensamientos, oh Señor, roca mía y redentor mío" (Salmo 19:14).

HERRAMIENTAS DE PODER

Eviten toda conversación obscena. Por el contrario, que sus palabras contribuyan a la necesaria edificación y sean de bendición para quienes escuchan.

Efesios 4:29

Pero yo les digo que en el día del juicio todos tendrán que dar cuenta de toda palabra ociosa que hayan pronunciado.

Mateo 12:36

El que quiera amar la vida y gozar de días felices, que refrene su lengua de hablar el mal y sus labios de proferir engaños.

Salmo 34:12,13

Las palabras del sabio son placenteras, pero los labios del necio son su ruina.

Eclesiastés 10:12

Pero lo que sale de la boca viene del corazón y contamina a la persona.

Mateo 15:18

Capítulo Veinticinco

Su arrepentimiento

Durante años Susana oró todos los días para que su esposo Juan dejara de consumir drogas. Una y otra vez lo sorprendía haciendo la misma cosa. En cada ocasión, él lo confesaba, decía que lo sentía y juraba que no lo volvería a hacer. Pero una y otra vez caía en lo mismo. Ella jamás cesó de orar para que el verdadero arrepentimiento tomara lugar en su corazón; la clase de arrepentimiento que hace que un hombre se dé vuelta y camine en dirección opuesta. Por desgracia, Juan tuvo que aprender algunas lecciones duras y dolorosas antes que él dirigiera su atención a Dios, pero con el tiempo hubo una transformación que cambió su vida. Hoy día es un hombre nuevo, y junto a Susana tiene un ministerio público ayudando a personas con problemas similares. Susana era una esposa de oración que jamás cesó de creer que Dios traería a su esposo al arrepentimiento.

Todos cometemos errores, ese no es el asunto. Pero en el mundo hay como una epidemia de personas que no pueden admitir que han hecho algo mal. Dios dice: "Si confesamos nuestros pecados, Dios, que es fiel y justo, nos los perdonará y nos limpiará de toda maldad" (1 Juan 1:9). Sin embargo, primero tenemos que arrepentirnos de lo que hayamos hecho.

De acuerdo con la manera de Dios hacer las cosas, existen tres pasos para cambiar nuestro comportamiento. 1. **Confesión:** *admitir* lo que hemos hecho. 2. **Arrepentimiento:** sentirnos *apenados* por lo que hemos hecho. 3. **Pedir perdón:** lo cual es para *ser lavados y libres* de lo que hemos hecho. La incapacidad o resistencia de realizar cualquiera de estos tres pasos está arraigado en el orgullo. Un hombre que no se puede humillar delante de Dios ni de los hombres para admitir que está equivocado, tendrá problemas en su vida que jamás superará. "¿Te has fijado en quien se cree muy sabio? Más se puede esperar de un necio que de gente así" (Proverbios 26:12).

¿Tiene tu esposo dificultad para confesar sus faltas? ¿O es de la clase de personas que puede decir "lo siento veinte veces al día, sin embargo, el comportamiento por el cual pide disculpa no cambia? De todas maneras, él necesita un corazón arrepentido. El arrepentimiento real significa sentir tanto remordimiento por lo que has hecho, que no vuelves a hacerlo. Solo Dios puede hacer que nosotros veamos nuestro pecado tal cual es, y sentir de la misma manera que Él siente acerca de eso. "La bondad de Dios quiere llevarte al arrepentimiento" (Romanos 2:4). Arrepentimiento es un obrar de la gracia de Dios, y nosotros podemos orar para que suceda en nuestros esposos.

Demasiados hombres han caído por causa del orgullo y la incapacidad de confesar y arrepentirse. Lo vemos muy a menudo. Leemos acerca de esto en los periódicos. El pecado sin confesar no se va; se convierte en un cáncer que crece y ahoga la vida. Ora para que tu esposo tenga convicción de su pecado, que lo confiese a Dios de forma humilde, y después que le dé la espalda a su error y cese de hacerlo. Dios "no quiere que nadie perezca sino que todos se arrepientan" (2 Pedro 3:9). Esta clase de oración puede ser muy molesta para la persona por la cual se está orando, pero es mucho más fácil que resplandezca la luz de Dios sobre nuestro pecado, que experimentar las consecuencias del mismo. Al final tu esposo estará agradecido, aunque no lo admita.

Oración

Señor, oro para que mi esposo admita cualquier error en su vida. No permitas que haya "nada encubierto que no llegue a revelarse, ni nada escondido que no llegue a conocerse" (Mateo 10:26).

Límpialo de cualquier pecado secreto y enséñale a ser una persona que esté dispuesta a confesar cuando está equivocado (Salmo 19:12). Ayúdale a reconocer sus errores. Dale ojos para que vea tu verdad y oídos para oír tu voz. Tráelo a un arrepentimiento total delante de ti. Si tiene que sufrir, permite que sea el sufrimiento de un corazón arrepentido, y no porque la mano aplastante del enemigo ha encontrado una oportunidad en su vida por el pecado sin confesar. Señor, yo sé que la humildad tiene que venir antes del honor (Proverbios 15:33). Quita todo orgullo que pueda hacerle negar sus faltas y obra en su alma una humildad de corazón para que él pueda recibir el honor que tú tienes para él.

HERRAMIENTAS DE PODER

Queridos hermanos, si el corazón no nos condena, tenemos confianza delante de Dios, y recibimos todo lo que le pedimos porque obedecemos sus mandamientos y hacemos lo que le agrada.

1 Juan 3:21, 22

Quien encubre su pecado jamás prospera; quien lo confiesa y lo deja, halla perdón.

Proverbios 28:13

Examíname, oh Dios, y sondea mi corazón; ponme a prueba y sondea mis pensamientos. Fíjate si voy por mal camino, y guíame por el camino eterno.

Salmo 139:23, 24

Mientras guardé silencio, mis huesos se fueron consumiendo por mi gemir de todo el día. Mi fuerza se fue debilitando como al calor del verano, porque día y noche tu mano pesaba sobre mí. Pero te confesé mi pecado, y no te oculté mi maldad. Me dije: "Voy a confesar mis transgresiones al Señor", y tú perdonaste mi maldad y mi pecado.

Salmo 32:3-5

Y un siervo del Señor no debe andar peleando; más bien, debe ser amable con todos, capaz de enseñar y no propenso a irritarse. Así humildemente, debe corregir a los adversarios, con la esperanza de que Dios les conceda el arrepentimiento para conocer la verdad, de modo que se despierten y escapen de la trampa en que el diablo los tiene cautivos, sumisos a su voluntad.

2 Timoteo 2:24-26

Capítulo Veintiséis

Su liberación

Melissa estaba preocupada por la atracción que su esposo sentía por el alcohol. Marcos no era realmente un alcohólico, pero estaba demostrando síntomas similares a los de su padre, quien *sí* era un alcohólico. Ella oró para romper cualquier tendencia similar que pudiera haber sido heredada por su esposo, y también para que sus hijos no heredaran esa debilidad. Le pidió a Dios que los protegiera a todos ellos de todo *síntoma* de alcoholismo. Hasta hoy día su esposo no se ha convertido en alcohólico y sus hijos adolescentes no muestran ningún indicio. Ella siente que el poder de Dios, en respuesta a sus oraciones, ha representado un papel importante en guardarlos de heredar esta condición.

Sara llevaba poco tiempo casada con Jorge cuando se dio cuenta de que él luchaba contra un espíritu de lujuria. No era que él no la amara, sino que él estaba lidiando con los pecados de su pasado; un estilo de vida promiscuo del cual en realidad nunca se había distanciado por completo ni al que había renunciado. Una vez que ella se dio cuenta que esto era algo que lo tenía cautivo, oró por su liberación. Puesto que él también quería liberarse, no pasó mucho tiempo para que fuera libre.

Todos necesitamos liberación en ciertos momentos, porque hay todo tipo de cosas que nos pueden meter en ataduras. Dios lo sabe. ¿Por qué hubiera venido Jesús como el Libertador si nosotros no tuviéramos necesidad de uno? ¿Por qué nos instruyó a orar, "líbranos del malvado" (Mateo 6:13) si no era necesario para nosotros? ¿Por qué promete librarnos de la tentación (2 Pedro 2:9), de las garras de personas peligrosas (Salmo 140:1), de nuestras propias tendencias destructivas (Proverbios 24:11), de *todas* nuestras angustias (Salmo 34:17), y de la muerte (2 Corintios 1:10), si no tiene la intención de hacerlo? Él está listo y dispuesto. Solo tenemos que pedir. "Invócame en el día de la angustia; yo te libraré y tú me honrarás" (Salmo 50:15).

¿No es consolador el saber que cuando nos sentimos aprisionados por las garras mortales de nuestras circunstancias, Dios oye nuestras súplicas por la libertad? Él ve nuestra necesidad. "Miró el Señor desde su altísimo santuario; contempló la tierra desde el cielo, para oír los lamentos de los cautivos y librar a los condenados a muerte" (Salmo 102:19, 20). Cuán glorioso es poder abrazar la certeza de que cuando parece no haber salida, Dios nos puede levantar y librar de manera milagrosa de lo que trata de devorarnos (Salmo 25:15). ¿A quién no le hace falta eso?

Aunque tu esposo encuentre difícil admitir que necesita ayuda (algunos hombres se sienten fracasados si no pueden hacer todo ellos solos), tus oraciones aún pueden representar un papel decisivo en su liberación. Puedes orar al Libertador para que lo libere de cualquier cosa que lo ata. A través de tus oraciones puedes pararte firme contra el enemigo que busca ponerte ataduras. "Cristo nos libertó para que vivamos en libertad. Por lo tanto, manténganse firmes y no se sometan nuevamente al yugo de esclavitud" (Gálatas 5:1). La mejor forma que conozco de mantenerse fuerte es poniéndose toda la armadura de Dios. Así es como oro por mi esposo y por mí y creo que es lo más efectivo. En lugar de explicarlo, permíteme enseñarte cómo orar por esto.

Oración

Señor, tú has dicho que clamemos a ti en el día de la angustia y tú nos librarás (Salmo 50:15). Clamo a ti ahora y te pido que obres liberación en la vida de mi esposo. Líbralo de cualquier cosa que lo ate, y de (mencione una cosa específica). Líbralo pronto y sé mi roca protectora y la fortaleza para salvarlo (Salmo 31:2). Líbralo de las manos del enemigo (Salmo 31:15).

Dale comprensión para que él pueda reconocer la obra malvada y clamar a ti por ayuda. Si la liberación por la cual él ora no es inmediata, mantenle lejos del desánimo y ayúdalo a tener confianza en que tú has comenzado una buena obra en él y que la perfeccionarás (Filipenses 1:6). Dale la certeza de que aun cuando se encuentre más desesperado, y piense que es imposible cambiar algo, tú, Señor, puedes hacerlo todo.

Ayúdalo a entender que "nuestra lucha no es contra seres humanos, sino contra poderes, contra autoridades, contra potestades que dominan este mundo de tinieblas, contra fuerzas espirituales malignas en las regiones celestiales" (Efesios 6:12). Oro para que esté fuerte en el Señor y que se ponga toda la armadura de Dios, para que pueda hacer frente a las artimañas del diablo en el día malo. Ayúdalo a ceñir sus lomos con el cinturón de la verdad y protegerse con la coraza de justicia, calzados sus pies con la disposición de proclamar el evangelio de la paz. Ayúdalo a tomar el escudo de la fe, con el cual pueda apagar todas las flechas encendidas del maligno. Oro para que tome el yelmo de la salvación, y la espada del Espíritu, la cual es la Palabra de Dios, orando siempre en el Espíritu con toda oración y súplica, vigilando y manteniéndose fuerte hasta el fin (Efesios 6:13-18).

HERRAMIENTAS DE PODER

El Señor es mi roca, mi amparo, mi libertador; es mi Dios, el peñasco en que me refugio. Es mi escudo, el poder que me salva, ¡mi más alto escondite! Invoco al Señor, que es digno de alabanza, y quedo a salvo de mis enemigos.

Salmo 18:2,3

Yo lo libraré, porque él se acoge a mí; lo protegeré, porque reconoce mi nombre.

Salmo 91:14

Extendiendo su mano desde lo alto, tomó la mía y me sacó del mar profundo. Me libró de mi enemigo poderoso, de aquellos que me odiaban y eran más fuertes que yo. En el día de mi desgracia me salieron al encuentro, pero mi apoyo fue el Señor. Me sacó a un amplio espacio; me libró porque se agradó de mí.

Salmo 18:16-19

Tú, oh Dios, me has librado de tropiezos, me has librado de la muerte, para que siempre, en tu presencia, camine en la luz de la vida.

Salmo 56:13

El Espíritu de Dios está sobre mí, por cuanto me ha ungido para anunciar buenas nuevas a los pobres. Me ha enviado a proclamar libertad a los cautivos y dar vista a los ciegos, a poner en libertad a los oprimidos.

Lucas 4:18

Capítulo Veintisiete

Su obediencia

*L*isa estaba preocupada porque su esposo Josué no estaba creciendo espiritualmente como ella. La relación de ella con el Señor era cada vez más profunda, mientras que la de él parecía ir disminuyendo a la misma velocidad. Ella estaba frustrada por la falta de compromiso espiritual que él tenía, ya que ella añoraba que los dos crecieran y experimentaran juntos en esta área importante de sus vidas. Ella no quería ser la que llevara la carga espiritual en la familia. Siempre que decía algo al respecto, Josué protestaba diciendo que su carrera lo mantenía demasiado ocupado para poder pasar tiempo con el Señor y leer su Palabra. Sus viajes de negocios a veces lo llevaban fuera de la ciudad los fines de semana, por lo tanto no podía asistir a la iglesia con Lisa y sus hijos.

Lo que más la irritaba a *ella* era que nada de esto parecía molestarlo a *él*... hasta que su trabajo se convirtió en un desafío mayor de lo que él podía manejar de forma cómoda. Al tener más tensión, Lisa se daba cuenta de cómo él se iba agotando. Ella sabía que si él podía entender la conexión que hay entre pasar tiempo con el Señor cada día y encontrar la fuerza espiritual, su vida estaría mucho mejor. También estaba segura de que él no estaba listo para oírlo de parte de ella.

Aunque Lisa sabía que Dios estaba llamando a Josué a este paso de obediencia, ella decidió no decir nada. En lugar de eso, oraba todos los días para que él tuviera el deseo de tener más de Dios en su vida. Aunque oró por meses sin ver ningún cambio físico, una mañana él anunció en voz baja: "Hoy voy a ir más temprano a la oficina, porque necesito pasar tiempo a solas con el Señor antes de hacer algo".

Ella dio gracias a Dios en silencio.

Desde entonces, con unas pocas excepciones, él se va temprano todos los días de la semana para leer la Biblia y orar en su oficina. De eso ya hace dos años y ahora esta disciplina espiritual ha traspasado a las áreas de disciplina física también. Hace ejercicios, come saludable, y está bajando de peso, como deseaba, y ganando un vigor nuevo. Solo Dios puede hacer eso.

Si observas que tu esposo va por un camino equivocado, ¿debes decir algo? Si es así, ¿cuánto debes decir y cuándo es el momento adecuado para decirlo? Me he dado cuenta que la mejor forma de proceder es llevándoselo a Dios *primero* y pesarlo en *sus* balanzas. Puede que Él te instruya a mantenerte callada y orar, como lo hizo con Lisa. Pero si Él te dirige a hablar con tu esposo acerca del asunto, habrá una oportunidad mucho mayor para él oír la voz de Dios en algunas de tus palabras, si has orado *antes* de hablar. Cualquier cosa que percibas como una molestia continua resultará contraproducente y mejor es no decirlo. Orar para que sus ojos se abran a la verdad, y que su corazón tenga convicción será mucho más efectivo que si le dices qué debe hacer. Puedes *exhortarlo* a que haga lo que es correcto y *orar* para que haga lo que es correcto, pero al final es la voz de Dios lo que tendrá mayor impacto.

Ningún hombre puede recibir todo lo que Dios tiene para él si no está viviendo en obediencia. Jesús, era uno que nunca andaba con rodeos, dijo: "Si quieres entrar en la vida, obedece los mandamientos" (Mateo 19:17). Él sabía que nada daría más paz y confianza a un hombre, que saber que está haciendo lo que Dios quiere que él haga. La Palabra de Dios promete que al ser obediente a sus caminos, tu esposo ha de encontrar misericordia (Salmo 25:10), paz (Salmo 37:37), felicidad (Proverbios 29:18), plenitud (Proverbios 21:5), bendiciones (Lucas 11:28), y vida (Proverbios 21:21). *No* vivir en obediencia trae consecuencias duras (Proverbios 15:10), oraciones sin respuestas (Proverbios 28:9), y la incapacidad de entrar en las cosas grandes que Dios tiene para él (1 Corintios 6:9).

Caminar en obediencia tiene que ver no solo con guardar los mandamientos de Dios, sino con prestar atención a sus instrucciones *específicas*. Por ejemplo, si Dios le ha instruido a tu esposo que descanse y él no lo hace, eso es desobediencia. Si Él le ha dicho que deje de hacer cierto tipo de trabajo y él sigue haciéndolo, eso es desobediencia. Si Él le ha dicho que se mude a otro lugar y él no lo hace, eso también es desobediencia.

Un hombre que hace lo que Dios pide, edifica su casa sobre una roca. Cuando vienen la lluvias, las inundaciones, y los vientos azotan la casa, esta no se caerá (Mateo 7:24-27). Tú no quieres ser testigo de la caída de tu casa por la desobediencia de tu esposo en cualquier área. Aunque tu lugar no es ser su madre ni la policía secreta, tu deber es orar, y hablar *después* que hayas recibido tus órdenes de parte de Dios.

Si la desobediencia de tu esposo a los caminos de Dios ya ha derrumbado tu casa en alguna forma, puedes saber que Dios honrará *tu* obediencia, y Él se encargará de que no seas destruida. Él derramará sus bendiciones sobre ti y restaurará lo que se haya perdido. Solo continúa orando para que tu esposo no tenga un problema en cuanto a oír la voz de Dios, y que él tenga la fuerza, el valor, y la motivación para actuar de acuerdo a lo que oye.

Oración

Señor, tú has dicho en tu Palabra que si abrigamos maldad en nuestros corazones, tú no oirás (Salmo 66:18). Deseo que tú oigas mis oraciones, por lo tanto te pido que me reveles donde haya cualquier desobediencia en mi vida, en especial con respecto a mi esposo. Muéstrame si soy egoísta, no amorosa, crítica, airada, resentida, rencorosa o amargada con él, y dónde te he desobedecido o no he vivido en tu camino. Lo confieso como pecado y te pido perdón.

Oro para que des a mi esposo (nombre del esposo) deseo de vivir en obediencia a tus leyes y caminos. Revela y saca de raíz cualquier cosa que él haga, que no sea de ti. Ayúdalo a traer todo pensamiento y acción bajo tu control. Recuérdale hacer el bien, a no hablar mal de nadie, y a ser pacífico, gentil, y humilde (Tito 3:1, 2). Enséñale a abrazar el estrecho dolor de la disciplina y el discipulado. Recompénsale conforme a su justicia y conforme a su limpieza de manos (Salmo 18:20). Muéstrale tus caminos, Señor; muéstrale tus sendas. Encamínale en tu verdad, pues tú eres el Dios de su salvación (Salmo 25:4,5).

Hazle una persona de alabanzas, porque yo sé que cuando nosotros te adoramos a ti adquirimos un entendimiento claro, nuestras vidas son transformadas, y recibimos poder para vivir como tú deseas. Ayúdalo a escuchar tus instrucciones específicas para él y a obedecerlas. Dale un corazón que anhele hacer tu voluntad, y que pueda disfrutar de la paz que solo puede venir a través de vivir en obediencia total a tus mandatos.

Su obediencia

HERRAMIENTAS DE PODER

Hijo mío, no te olvides de mis enseñanzas; más bien, guarda en tu corazón mis mandamientos. Porque prolongarán tu vida muchos años y te traerán prosperidad. Que nunca te abandonen el amor y la verdad; llévalos siempre alrededor de tu cuello y escríbelos en el libro de tu corazón.

Proverbios 3:1-3

No todo el que me dice: "Señor, Señor", entrará en el reino de los cielos, sino sólo el que hace la voluntad de mi Padre que está en el cielo.

Mateo 7:21

Dios aborrece hasta la oración del que se niega a obedecer la ley.

Proverbios 28:9

Obedézcanme. Así yo seré su Dios, y ustedes serán mi pueblo. Condúzcanse conforme a todo lo que yo les ordene, a fin de que les vaya bien.

Jeremías 7:23

Capítulo Veintiocho

El concepto que tiene de sí mismo

*P*or qué será que algunos hombres muy capacitados y talentosos encuentran las puertas de la oportunidad y la aceptación cerradas para ellos, mientras que otros con la misma o menos habilidad tienen, aparentemente, oportunidades y éxito sin límites en todas las áreas de sus vidas? No parece justo. El sentido del tiempo no tiene nada que ver. Dios tiene un tiempo para todo, y Él hace en nosotros lo necesario para prepararnos para el porvenir. Tener sentido del tiempo de Dios trae paz para poder esperar en el Señor. Sin embargo, puede haber otra razón importante para la lucha, y es cómo el hombre se percibe a sí mismo. Si tiene un concepto pobre de sí mismo, tendrá dudas en cuanto a su valor, y esto se refleja en todo lo que hace; aun dentro de sus relaciones. Las demás personas que se sienten incómodas con la inseguridad de él, puede que lo evadan, y esto afectará cómo él se relaciona con su familia, amigos, compañeros de trabajo, y hasta con los extraños. Si espera ser rechazado, lo será.

Daniel experimentó gran frustración tratando de buscar su camino en la vida. No sabía quién era o si podía encajar en algún lugar. Su preocupación de tratar de entender todo, causó gran fricción entre él y su esposa Cindy. Ella trató de ayudarlo, pero a él le molestó su consejo. Él veía las ideas y sugerencias de ella como una burla a su habilidad para entender cosas por sí mismo. Su reacción fue descartar las palabras de ella, y esto motivó que ella luchara más porque reconociera su valor. Mientras más luchaba Cindy por no sentirse sin valor, más represalias tomaba Daniel, hasta que frustrado por su propia inseguridad rechazó por completo el aporte de ella.

Esta clase de contienda que se hacía cada vez más profunda pudo haber terminado en divorcio, pero Cindy aprendió a orar en lugar de pelear. Le pidió ayuda al Señor para poder entender qué le estaba sucediendo a Daniel. Ella quería saber por qué él la rechazaba cuando solo quería ayudarlo.

Dios le reveló que el concepto tan pobre que Daniel tenía de sí mismo lo había aprendido de su padre. Él también experimentó esa clase de inseguridad toda su vida. Cindy sabía que Dios tenía el poder de cambiar cualquiera que fuera la fuente del comportamiento de Daniel.

Ella se propuso orar el tiempo necesario para que Dios rompiera las ataduras en su esposo y lo moldeara a *Su* imagen. Le pidió que ayudara a Daniel a encontrar su identidad en el Señor. También oró al Señor para que la ayudara a hablarle a Daniel en el espíritu y no en la carne, y que sus palabras fueran recibidas como una exhortación para su alma en vez de una crítica.

Pasaron unos cuantos meses antes que ella viera algún cambio, pero al final los hubo, y grandes. Primero, Daniel aprendió a confiar en que su esposa estaba en el mismo equipo que él y que no era su rival. Se pusieron de acuerdo en cesar de pelear y en comprometerse a trabajar juntos. Él comenzó a ir más a la iglesia, y ella podía ver que él oraba y leía la Biblia con una fe nueva. Con el tiempo, él comenzó a verse a sí mismo como un hijo muy amado de Dios y no como un error de la evolución. A medida que se valoraba más a sí mismo e iba aceptando quién era él, las personas lo apreciaban más. No fue por casualidad que las puertas de la oportunidad comenzaron a abrirse para Daniel, y pronto él encontró la aceptación y el éxito que siempre había soñado.

Si el concepto que tu esposo tiene de sí mismo necesita reformarse, sé paciente. Las respuestas no vienen de la noche a la mañana, sobre todo cuando un patrón de pensamiento ha existido por mucho tiempo y es necesario terminar con él. Pero te puedes apoderar del poder de Dios para pelear contra el enemigo, que lo alimenta con mentiras conocidas, para que él sea libre para oír la verdad de Dios, y mientras intercedes, Dios te revelará vislumbres de la clave para desatar todo esto en tu esposo. En otras palabras, mientras tú oras, Él te va a enseñar *cómo* hacerlo.

Yo creo firmemente que la tendencia a la crisis de los cuarenta años, se puede evitar orando por el asunto. Cualquier toxicidad que queda aún en el alma de un hombre después que llega a los cincuenta, con el tiempo va a salir de él como un veneno. Es como si la represa invisible que lo estaba aguantando se debilitara con los años. Cuando se rompe, la inundación puede ser lo suficiente fuerte como para arrasarlo consigo. El tener su identidad establecida con firmeza en el Señor, hará una gran diferencia en cómo él pasa este tiempo.

Dios dice que nuestros primeros pasos han de ser hacia Él: buscando su rostro, siguiendo sus leyes, poniéndolo a Él primero y nuestros intereses en el último lugar. Cuando estamos alineados con Dios, Él dirige el camino y lo único que tenemos que hacer es seguirlo. Al mirarlo, su imagen queda impresa en nosotros. Cuando nuestra propia imagen se envuelve tanto en Dios que nos perdemos en el proceso, somos libres. Nosotras queremos esta libertad para nuestros esposos, y para nosotras también.

Tu esposo jamás verá quién *él* es hasta que vea quién es *Dios* en realidad. Ora para que encuentre su verdadera identidad.

Oración

Señor, oro para que (nombre del esposo) encuentre su identidad en ti. Ayúdalo a entender su valor a través de tus ojos y por medio de tus normas. Que reconozca las cualidades únicas que tú has puesto dentro de él y que sea capaz de apreciarlas. Ayúdalo a que se vea como tú lo ves, entiendo que "Tú lo hiciste poco menos que un dios, y lo coronaste de gloria y de honra; lo entronizaste sobre la obra de tus manos, ¡todo lo sometiste a su dominio!" (Salmo 8:5-6). Aquieta las voces que le dicen lo contrario y dale oídos para que oiga tu voz que le dice que no será su perfección lo que lo ha de llevar por la vida con éxito, será la tuya.

Revélale que "él es imagen y gloria de Dios" (1 Corintios 11:7), y que "en él, que es la cabeza de todo poder y autoridad, ustedes han recibido esa plenitud" (Colosenses 2:10). Dale la paz y la seguridad de saber que él es aceptado, no rechazado, por ti. Líbralo de concentrarse en sí mismo y de la timidez que pueda aprisionar su alma. Ayúdalo a que vea quién *tú* eres en realidad para que así él sepa quién es *él*. Que la imagen que tenga de sí mismo sea la de Cristo impresa en su alma.

182

HERRAMIENTAS DE PODER

Porque a los que Dios conoció de antemano, también los predestinó a ser transformados según la imagen de su Hijo, para que él sea el primogénito entre muchos hermanos.

Romanos 8:29

Así, todos nosotros, que con el rostro descubierto reflejamos como en un espejo la gloria del Señor, somos transformados a su semejanza con más y más gloria por la acción del Señor, que es el Espíritu.

2 Corintios 3:18

Dejen de mentirse unos a otros, ahora que se han quitado el ropaje de la vieja naturaleza con sus vicios, y se han puesto el de la nueva naturaleza, que se va renovando en conocimiento a imagen de su Creador.

Colosenses 3:9-10

El que escucha la palabra pero no la pone en práctica es como el que se mira el rostro en un espejo y, después de mirarse, se va y se olvida enseguida de cómo es. Pero quien se fija atentamente en la ley perfecta que da libertad, y persevera en ella, no olvidando lo que ha oído sino haciéndolo, recibirá bendición al practicarla.

Santiago 1:23-25

¡Levántate y resplandece, que tu luz ha llegado! ¡La gloria del Señor brilla sobre ti!

Isaías 60:1

Capítulo Veintinueve

Su fe

Yo siempre me sonrío cuando alguien me dice que no tiene fe, porque yo sé que es probable que no sea cierto. Hasta cierto punto, todos vivimos por fe. Cuando vas a un médico, necesitas fe para confiar en su diagnóstico. Cuando la farmacia te prepara tu receta, tienes fe en que recibirás la medicina apropiada. Cuando comes en un restaurante, confías en que las personas que te sirven no han contaminado o envenenado la comida. (Se requiere más fe para algunos restaurantes que para otros.) Todos los días es un caminar en fe en algún nivel. Todos creen en algo. "Según la medida de fe que Dios le haya dado" (Romanos 12:3).

Nosotros escogemos lo que vamos a creer. Algunas personas eligen creer en sí mismos, en el gobierno, en el mal, en la ciencia, en el periódico, otros en trabajar duro, en otras personas, y algunos en Dios. La única persona que he conocido que no creía en nada terminó en un hospital psiquiátrico porque lo llevó a la locura. La fe es algo sin la cual no podemos vivir.

Tampoco se puede *morir* sin fe. Nuestra fe determina qué es lo que nos sucede después que dejemos este mundo. Si tienes fe en Jesús, sabes que tu futuro eterno está seguro. Eso es porque "el Espíritu de aquel que levantó a Jesús de entre los muertos...

también dará vida a sus cuerpos mortales por medio de su Espíritu que vive en ustedes" (Romanos 8:11). En otras palabras, si el mismo Espíritu que levantó a Jesús de entre los muertos vive en ti, Él también te levantará a ti. Tenemos la certeza de que lo que nos suceda cuando muramos ha de afectar en grande cómo vivimos hoy. La confianza en nuestro futuro eterno nos da una perspectiva para vivir en el presente que está rociado también con confianza.

¡He aquí un pensamiento que da miedo! Cuando Jesús sanaba a algunos hombres ciegos, Él dijo: "Se hará con ustedes conforme a su fe" (Mateo 9:29). ¿No te da eso el deseo de evaluar de nuevo tu nivel de confianza en Dios? Lo bueno de esto es que nosotros tenemos un cierto control sobre nuestras vidas y podemos, hasta cierto punto, determinar cómo nos han de salir las cosas. Nuestras vidas no tienen que estar echadas a la suerte o dejarlas volar con la brisa de acuerdo a cualquier viento que esté soplando en ese momento. La fe que tenemos nos ayudará a determinar nuestro resultado final.

Todos tenemos momentos de duda. Hasta Jesús pensó en por qué Dios lo había abandonado. No era que dudaba de la existencia de Dios o de su habilidad para venir a su rescate, solo que no esperaba sentirse abandonado. A veces no dudamos de la existencia de Dios, o si Él es *capaz* de ayudarnos, solo dudamos de *su* deseo de tener algún impacto inmediato en nuestras vidas. Pensamos, *Seguro que Él está muy ocupado para mis problemas*. Pero la verdad es que no lo está.

¿Tiene tu esposo momentos de duda? Si es así, tus oraciones para que él tenga una fe que se mantenga en crecimiento, harán una diferencia grande en su vida. Incluso si no conoce al Señor, puedes orar para que su fe crezca en su corazón y encontrarás que tiene más paz. Con una medida más de fe en Dios, no hay nada en la vida de tu esposo que no se pueda vencer o afectar de forma positiva. Jesús dijo, refiriéndose a cualquier hombre que tenga fe para creer en Él: "Brotarán ríos de agua viva" (Juan 7:38). Eso solo puede ser suficiente como para lavar una vida de dolor, problemas, temor, pena, apatía, desesperación, fracaso y duda. ¿Vamos a orar?

Oración

Señor, oro para que le des a (nombre del esposo) una medida más de fe. Engrandece su capacidad de creer en ti, en tu Palabra, en tus promesas, en tus caminos, y en tu poder. Ponle en su corazón el anhelo de hablar contigo y oír tu voz. Dale entendimiento en lo que quiere decir disfrutar de tu presencia y no solo pedir cosas. Que te busque, que dependa de ti totalmente, que sea guiado por ti, te ponga a ti primero, y te reconozca en todo lo que hace.

Señor, tú has dicho que "la fe viene como resultado de oír el mensaje, y el mensaje que se oye es la Palabra de Cristo" (Romanos 10:17). Alimenta su alma con tu Palabra para que su fe crezca lo suficiente como para creer que para Dios todo es posible (Mateo 19:26). Dale una certidumbre, a toda prueba, de que lo que tú has prometido hacer, lo vas a hacer (Romanos 4:21). Haz de su fe un escudo de protección. Ponlo en acción para mover las montañas de su vida. Tu Palabra dice: "el justo vivirá por la fe" (Romanos 1:17); oro para que él viva la vida llena de fe que tú nos has llamado a experimentar. Que él pueda saber con toda certidumbre "cuán grande es tu bondad, que atesoras para los que te temen y que a la vista de la gente derramas sobre los que en ti se refugian" (Salmo 31:19).

HERRAMIENTAS DE PODER

Pero que pida con fe, sin dudar, porque quien duda es como las olas del mar, agitadas y llevadas de un lado a otro por el viento. Quien es así no piense que va a recibir cosa alguna del Señor; es indeciso e inconstante en todo lo que hace.

Santiago 1:6-8

Pero el que tiene dudas en cuanto a lo que come, se condena; porque no lo hace por convicción. Y todo lo que no se hace por convicción es pecado.

Romanos 14:23

Les aseguro que si tienen fe tan pequeña como un grano de mostaza, podrán decirle a esta montaña: "Trasládate de aquí para allá", y se trasladará. Para ustedes nada será imposible.

Mateo 17:20

He sido crucificado con Cristo, y ya no vivo yo sino que Cristo vive en mí. Lo que ahora vivo en el cuerpo, lo vivo por la fe en el Hijo de Dios, quien me amó y dio su vida por mí.

Gálatas 2:20

En consecuencia, ya que hemos sido justificados mediante la fe, tenemos paz con Dios por medio de nuestro Señor Jesucristo.

Romanos 5:1

Capítulo Treinta

Su futuro

*N*inguno de nosotros puede vivir sin una visión para el futuro. Si no la tenemos, andaremos dando golpes a ciegas sin dar en el blanco. Sin ella, parece que la vida no tiene sentido y cada día morimos un poco más. "Sin profecía el pueblo se desenfrena" (Proverbios 29:18).

Tener visión no significa saber los detalles específicos en cuanto a lo próximo que va a suceder. Tiene que ver con tener un sentido general de hacia dónde te diriges y tener la esperanza de que hay algo bueno en el horizonte. Es saber que *sí* tienes un futuro y un propósito, y que es brillante.

No todos los hombres tienen esa certeza. Cuando esto sucede, casi puedes ver que sus vidas son consumidas. Aun los que la tienen, no es así todo el tiempo. Hasta el hombre más espiritual puede cansarse demasiado, estar acabado, derrotado, distanciado de Dios, confuso acerca de quien él es y por qué está aquí, y perder su visión para el futuro. Puede perder su sentido de propósito y por este motivo estar abrumado y no tener esperanza. Si pierde de vista sus sueños y se olvida de la verdad en cuanto a sí mismo y a su situación, puede terminar creyendo mentiras destructoras acerca de su futuro. "Por falta de conocimiento mi pueblo ha sido destruido" (Oseas 4:6).

Dios dice que no oigamos las voces que hablan mentiras, porque "cuentan visiones que se han imaginado y que no proceden de la boca del Señor" (Jeremías 23:16). Cualquier visión para el futuro que está llena de fracasos y falta de esperanza no es de Dios (Jeremías 29:11). Dios puede restaurar la visión donde haya estado perdida. Él puede dar esperanza para volver a soñar y traer su verdad a las mentiras del desánimo. Dar seguridad de un futuro prometedor. La oración es el medio a través del cual Él lo puede cumplir.

Mi esposo me dijo que una de las veces que mis oraciones representaron todo para él, fue cuando nos mudamos de Los Ángeles a Nashville. Fue muy difícil para todos nosotros dejar las personas amadas y comenzar de nuevo. Había mucho en juego y era una transición difícil, sin mencionar un gran paso de fe. No sabíamos cómo todo iba a terminar, pero caminamos en la certeza de que estábamos siguiendo la dirección de Dios. Confiábamos que nuestras vidas estaban seguras en sus manos. Mi oración para Michael durante esa época era que no perdiera la visión que Dios le había dado para el futuro. Cuando las circunstancias le hicieron perder por un momento su vista espiritual, dijo que mis oraciones representaron un papel importante en restaurarla.

Tenemos que recordar que Dios Padre ha hecho su testamento. Su heredad está dividida en partes iguales entre todos sus hijos. Todo lo que *Él* tiene, *nosotros* lo tendremos. Nosotros somos "herederos de Dios y coherederos con Cristo" (Romanos 8:17). He leído mi copia del testamento y dice que ni siquiera tenemos idea de todo lo que Dios tiene para nosotros, porque Él tiene para nosotros más de lo que jamás hemos imaginado. "Ningún ojo ha visto, ningún oído ha escuchado, ninguna mente humana ha concebido lo que Dios ha preparado para quienes lo aman" (1 Corintios 2:9). Promete que "los íntegros heredarán el bien" (Proverbios 28:10). Nos dice que no solo tendremos todo lo que nos haga falta en *esta* vida, sino que la parte más importante será nuestra después que muramos. Entonces estaremos con Él y no necesitaremos nada más.

Su futuro

Si los ojos de tu esposo se concentran tanto en los detalles del diario vivir que pierde su visión del futuro, tus oraciones pueden levantar su mirada. Ellas pueden ayudarlo a ver que *Dios* es su futuro y que él necesita vivir su vida de manera que invierta en ello. "¿No saben que en una carrera todos los corredores compiten, pero sólo uno obtiene el premio? Corran, pues, de tal modo que lo obtengan" (1 Corintios 9:24). Tú no deseas que tu esposo sea un hombre que hable de una visión de su propio corazón y pierda el premio. Tú deseas que él pueda ver desde la perspectiva de Dios.

Dios no quiere que conozcamos el futuro, sino que lo conozcamos a Él. Quiere que confiemos en Él para que nos guíe paso a paso a entrar en el futuro. Para poder entender la guía de Dios, necesitamos buscar de Él para todo. "Los que buscan al Señor lo entienden todo" (Proverbios 28:5). También tenemos que mantenernos lo suficiente cerca como para oír su respuesta. El Señor es el dador de la visión; ora para que tu esposo la encuentre en Él. Con Dios, su futuro está seguro.

Oración

Señor, oro para que le des a (nombre del esposo) una visión para su futuro. Ayúdalo a entender que tus planes para él son de bienestar y no de calamidad; a fin de darle un futuro y una esperanza (Jeremías 29:11). Llénalo con el conocimiento de tu voluntad en toda sabiduría y entendimiento espiritual; que pueda tener un caminar digno de ti, agradándote por completo, llevando fruto en toda buena obra y creciendo en tu conocimiento (Colosenses 1:9,10).

Que viva siendo guiado por el Espíritu Santo y no camine en duda y con temor de lo que pueda suceder. Ayúdalo a madurar y a crecer en ti cada día, sometiendo todos sus sueños y deseos a ti, sabiendo que "lo que es imposible para lo hombres es posible para Dios" (Lucas 18:27). Dale metas ordenadas por Dios y muéstrale cómo conducirse de manera que siempre invierta en su futuro.

Oro para que todos los días de su vida esté activo en el servicio a ti. Guárdalo de perder su sentido de propósito y llénalo de esperanza para su futuro como una "firme y segura ancla del alma" (Hebreos 6:19). Dale "lo que su corazón desea" (Salmo 21:2) y "la heredad de quienes te honran" (Salmo 61:5). Plántalo firme en tu casa, mantenlo fresco y floreciendo y llevando fruto aun en la vejez (Salmo 92:13, 14). Y cuando llegue el momento de dejar esta tierra e irse contigo, que tenga una visión tan firme de su futuro eterno que haga que su transición sea suave, sin dolor y acompañada de paz y gozo. Hasta entonces, oro para que pueda encontrar la visión de su futuro en ti.

Oraciones por mi esposo

Petición	Fecha de respuesta

HERRAMIENTAS DE PODER

Porque yo sé muy bien los planes que tengo para ustedes afirma el Señor, planes de bienestar y no de calamidad a fin de darles un futuro y una esperanza.

Jeremías 29:11

Observa a los que son íntegros y rectos: hay porvenir para quien busca la paz. Pero todos los pecadores serán destruidos; el porvenir de los malvados será el exterminio.

Salmo 37:37, 38

Plantados en la casa del Señor, florecen en los atrios de nuestro Dios. Aun en su vejez, darán fruto; siempre estarán vigorosos y lozanos, para proclamar: El Señor es justo; él es mi Roca y en él no hay injusticia.

Salmo 92:13-15

Una sola cosa le pido al Señor, y es lo único que persigo; habitar en la casa del Señor todos los días de mi vida, para contemplar la hermosura del Señor y recrearme en su templo.

Salmo 27:4

Se vislumbra esperanza en tu futuro.

Jeremías 31:17

Si disfrutaste de este libro entonces querrás leer este también...

Ahora, en treinta capítulos cortos y fáciles de leer, la autora Stormie Omartian comparte cómo puedes orar por tus hijos en cada edad y etapa de su vida. Aprende cómo ir al Padre y poner cada detalle de la vida de tu hijo en sus amorosas y capaces manos: •seguridad •amistades •escuela •relaciones familiares •presión de los compañeros... y mucho más.

No importa que no seas un padre perfecto.
Lo que importa es que seas un padre que ora.

Producto 495192   ISBN 0-7899-0936-7